¡ES TU TIEMPO!

Ilustraciones de interior:
DIEGO PARÉS

Coordinación editorial:
DÉBORA FEELY

Diseño de tapa:
DCM DESIGN

NICOLÁS LITVINOFF

¡ES TU TIEMPO!

Los tips de *¡Es tu dinero!*
para ganar más trabajando menos

GRANICA

BUENOS AIRES - BARCELONA - MÉXICO - SANTIAGO - MONTEVIDEO

© 2012 *by* Ediciones Granica S.A.

1a. edición, 1a reimpresión: noviembre de 2012

ARGENTINA
Ediciones Granica S.A.
Lavalle 1634 3° G / C1048AAN Buenos Aires, Argentina
Tel.: +54 (11) 4374-1456 Fax: +54 (11) 4373-0669
granica.ar@granicaeditor.com
atencionaempresas@granicaeditor.com

MÉXICO
Ediciones Granica México S.A. de C.V.
Valle de Bravo N° 21 El Mirador Naucalpan Edo. de Méx.
53050 Estado de México - México
Tel.: +52 (55) 5360-1010 Fax: +52 (55) 5360-1100
granica.mx@granicaeditor.com

URUGUAY
Ediciones Granica S.A.
Scoseria 2639 Bis
11300 Montevideo, Uruguay
Tel.: +59 (82) 712 4857 / +59 (82) 712 4858
granica.uy@granicaeditor.com

CHILE
granica.cl@granicaeditor.com
Tel.: +56 2 8107455

ESPAÑA
granica.es@granicaeditor.com
Tel.: +34 (93) 635 4120

www.granicaeditor.com

ISBN 978-950-641-628-7

Hecho el depósito que marca la ley 11.723

Impreso en Argentina. *Printed in Argentina*

Litvinoff, Nicolás
    ¡Es tu tiempo! : los tips de ¡Es tu dinero! para ganar más trabajando menos . - 1a ed. 1a reimp. - Buenos Aires : Granica, 2012.
    140 p. : il. ; 15x11 cm.

    ISBN 978-950-641-628-7

    1. Finanzas. 2. Inversiones. I. Título
    CDD 332.67

ÍNDICE

PRÓLOGO

Buenos consejos y breves reflexiones al estilo de la literatura de autoayuda se combinan en las siguientes páginas para hacer de este mucho más que un libro de tips financieros.

Como en *¡Es tu dinero!*, su libro debut, Nicolás Litvinoff nos llama a reflexionar sobre nuestra relación con el dinero para mejorar esas conductas que no nos permiten alcanzar los objetivos deseados.

¿Cuántas personas se esfuerzan trabajando en una oficina sabiendo que su empleo no les brindará grandes satisfacciones, cuántas creen que solo los ricos pueden invertir su capital y disfrutar de rentas, y cuántas más afirman desde el desconocimiento que comprar bonos, acciones o cualquier otro activo financiero equivale a apostar dinero en el casino, donde la bolilla suele jugar más en contra que a favor?

Estos y otros mitos perniciosos son los que derriba el autor con sus tips, donde la apelación a la inteligencia del lector es constante, de modo que no le quede otra alternativa que revisar sus creencias sobre el dinero para cuestionarlas en pos de mejorar su calidad de vida.

Tips para leer antes de comprar dólares, para ahorrar de cara a las vacaciones, para educar financieramente a los más chicos y para evitar conflictos de pareja por dinero nos entretendrán a lo largo del libro, compuesto por tres capítulos temáticos y un *bonus track* polémico y divertido.

Los usuarios de *La Nación* online los avalan y el *ranking* de notas más leídas refleja el éxito de estos tips que a las pocas horas de publicados trepan al primer puesto en visitas. Aquí, renovados y editados para la ocasión, se nos ofrecen como buenos consejos sobre finanzas personales.

DARÍO NUDLER CABRERA

INTRODUCCIÓN

La vida en sociedad se basa en principios que no vemos, pero que existen. Estos principios constituyen la base de nuestra educación y nos son impuestos desde tan pequeños que los tomamos como propios y los aplicamos en forma inconsciente todos los días.

Uno de ellos asegura que no hay nada peor que vivir con incertidumbre respecto del futuro. Es así como no toleramos desconocer qué sucede después de la muerte y buscamos respuestas en la religión. Y es así, también, como aceptamos con resignación el refrán que asegura: "Más vale malo conocido que bueno por conocer".

A nivel laboral, este refrán se traduce en la preferencia por el trabajo asalariado, rutinario y mal pago en lugar de apostar a nuestra capacidad para generar proyectos novedosos, ponerlos en práctica y lograr con ellos ingresos muy superiores a los que estaría dispuesto a pagarnos cualquier empleador.

Sin embargo, pese a garantizarnos un ingreso mensual fijo, aportes a la denominada "seguridad social", vacaciones e indemnización en caso de despido, nos resulta muy difícil alcanzar un alto grado de satisfacción con nuestro trabajo asalariado.

Lo que sucede es que a la larga caemos en la cuenta de que ese puesto que en su momento asumimos con felicidad no nos permite realizarnos. Nos obliga a vivir postergando sueños e ilusiones y a pasar largas horas alejados de nuestros amigos y familiares.

Se trata de una combinación fatal de tiempo perdido e ingresos limitados que nos somete cada vez más a los verdaderos ganadores del modelo: las empresas que nos contratan para incrementar sus beneficios y los bancos que nos obligan a pagar tasas usureras a cambio de los créditos que necesitamos para adquirir electrodomésticos, autos e inmuebles.

En consecuencia, reducir la tan temida incertidumbre a través de la "certidumbre social" que nos propone el sistema termina siendo mucho peor que un simple "malo conocido". La mayoría de las personas viven endeudándose para comprar cosas que no necesitan con el objetivo de impresionar a gente por la que en realidad no tiene el menor interés. Y todo, por la insatisfacción que genera la pérdida de tiempo en proyectos ajenos.

Para contrarrestar esta tendencia, el libro propone un gran número de tips prácticos y concisos que orientan el rumbo en la dirección contraria. Explican por qué es mejor abrazar la incertidumbre, confiar en uno mismo y rechazar los modelos de trabajo que se nos pretenden imponer en detrimento de nuestra capacidad emprendedora y nuestro preciado tiempo.

¡Es tu tiempo! Y este es el momento de tomar conciencia de ello.

NICOLÁS LITVINOFF

CAPÍTULO 1

¡A GANAR DINERO!

Ganar dinero no es sencillo, aunque tampoco imposible. Acepte el desafío de conocer sus verdaderas habilidades, propóngase incrementar su cultura financiera, sepa definir sus principales objetivos y notará que los resultados tarde o temprano lo acompañarán. Reflexione sobre lo que le enseñaron en la escuela y verá que lo prepararon más para obedecer que para tomar decisiones. Cambie por dentro y cambiará por fuera.

Tips para ganar dinero

1. Abandone el sentimiento de culpa

Muchas personas se manejan con un concepto equivocado del trabajo. Sostienen que trabajar implica sacrificarse, que para ganar dinero siempre hay que esforzarse, y critican el modo de vida de quienes dedican menos tiempo al trabajo y más a la inversión eficiente de los ahorros.

Lo cierto es que la riqueza se genera cuando a partir de pequeños esfuerzos se logran grandes resultados, mientras que la pobreza aparece cuando con grandes esfuerzos se obtienen resultados magros.

Cuestionar los prejuicios que existen en la sociedad acerca de la forma correcta de ganar dinero permite, a la larga, depender menos del empleo y disfrutar más la vida.

2. Redefina sus prioridades

Las personas que trabajan mucho con la intención de tener un ahorro, y luego ven que su dinero se licua porque no saben cómo invertirlo, suelen aducir las siguientes razones: "soy un desastre para los números"; "tengo otras prioridades en este momento"; "estoy muy ocupado trabajando todo el día como para perder mis ratos libres leyendo sobre finanzas personales".

Pero ¿qué sentido tiene trabajar todo el día, si luego se pierden los ahorros a causa de la inflación o en gastos innecesarios?

Abandonar las excusas y destinar un tiempo al capital acumulado es la mejor forma de valorar el esfuerzo realizado para ahorrar dinero y vivir más tranquilos.

3. Rechace el rol de víctima

"No pierdo dinero por mi culpa, sino por la de los otros."
Aunque no se admita, esta máxima gobierna en la mente
de mucha gente que, al encarar una inversión, prefiere no
investigar demasiado, y responsabilizar a los demás en caso
de que el resultado no sea el esperado.

Culpar al país, al Gobierno, a la empresa donde se trabaja o al socio por la insatisfacción económica implica delegar responsabilidades, aun a costa del propio bienestar.

Y además de esconder una tendencia hacia la comodidad, esta actitud echa por tierra cualquier intento de trans-
formar la realidad, y ubica a la persona financieramente
inmadura en el lugar de la víctima.

Como veremos más adelante, siempre resultará más sencillo evadir las responsabilidades que hacerse cargo del propio destino. Pero la comodidad se paga caro, sobre todo en
cuestiones monetarias.

4. Derribe los mitos y las creencias disfuncionales

Las excusas para no invertir abundan y se basan en gene-
ralizaciones que no son más que prejuicios o creencias dis-
funcionales para nuestras finanzas ("la Bolsa es una timba",
"los bancos son ladrones con mostrador", "en este país no
se puede invertir", "poner un negocio es imposible porque
todo se va en impuestos").

El resultado de estas formas de pensar es la parálisis que
lleva a perder el poder adquisitivo de los ahorros y genera
envidia respecto de quienes obtienen ganancias invirtiendo
en bonos, acciones, propiedades o proyectos productivos.

Cuestionar los mitos y las creencias populares sobre el
dinero es una de las decisiones más inteligentes que podemos tomar.

5. Combata la ceguera cognitiva

En general, se es consciente de que hay mucho por aprender, aunque cuesta reconocerlo. Sin embargo, asumir la ignorancia o el desconocimiento sobre ciertos temas es clave para iniciar un proceso que nos brindará más alegrías que disgustos.

Por un momento, póngase en la piel de quien, sin experiencia alguna, sostiene que la Bolsa es una timba. ¿Qué beneficio le genera semejante afirmación? Se priva, en todo caso, de conocer un mundo pleno de oportunidades, donde las chances de ganar crecen a la par del conocimiento interno (nuestra relación con el dinero, nuestros miedos y fantasías) y externo (las herramientas de inversión y los activos financieros a nuestro alcance).

Declarar la propia ignorancia, admitir que no se sabe si la Bolsa es una timba o tiene reglas que se pueden conocer y utilizar a nuestro favor, no es en absoluto negativo: implica alcanzar el "umbral del aprendizaje", descubrir la puerta de acceso a nuevos universos. En este caso, nada más y nada menos que al de las finanzas personales.

6. Confíe en los docentes

Una vez reconocida la ignorancia –o el escaso conocimiento– sobre el tema, se torna obligatoria la búsqueda de un maestro, de un docente por vocación.

La construcción de una relación de confianza es clave en esa búsqueda. Pero confiar no equivale a someterse, sino a concederle autoridad al especialista desde una postura crítica, donde todos sus argumentos sean analizados.

El *coach* financiero asume ese rol de maestro que enseña diversos caminos, entrena y exige a sus alumnos, que irán aprendiendo y modificándose a partir de sus razonamientos e interpretaciones.

7. Adquiera habilidades

Existen ciertas conductas que distinguen a toda persona hábil a la hora de manejar los ahorros.

Planificar los gastos con tiempo es uno de esos aciertos que permiten bajar costos; por ejemplo, al comprar un pasaje aéreo con mucha antelación y un buen descuento.

Otra conducta saludable es pedir descuento en cada posible compra abultada: nunca se sabe cuál es la motivación que hay detrás del vendedor, ni si está dispuesto o no a bajar el precio de sus productos para venderlos.

Por último, revisar los comprobantes de los gastos en busca de posibles "errores", como los que suelen hallarse en las compras en supermercados. Al fin y al cabo, gastar menos es una forma de ganar dinero.

8. Otórguele al dinero la importancia que se merece

Muchas personas sostienen que el dinero no es importante en su vida y desisten de aprender a manejar con eficiencia los ahorros.

Sin embargo, esta actitud los obliga a trabajar más horas que las deseadas para darse gustos, y sufren económicamente cada vez que se quedan sin empleo.

Vivimos en una sociedad capitalista donde el pleno empleo no existe y en la que siempre es posible quedar al margen del mercado laboral.

Con más ahorros se gana en tranquilidad, se puede buscar un mejor empleo y dedicarle más tiempo al ocio, al estudio, etcétera.

Tips para ganar dinero haciendo lo que le gusta

1. Concéntrese en los temas que mejor maneja

Para sobresalir no es necesario demostrar habilidad en todos los ámbitos. Lo ideal es concentrarse en aquello que mejor se hace, sin descuidar el resto.

Al respecto, puede seguir un método sencillo para identificar sus principales habilidades: consiste en evaluar durante un tiempo el desempeño cotidiano y la capacidad para resolver los distintos problemas que se plantean.

De esta forma, comenzará a percibir que hay ciertas actividades que realiza con mayor velocidad que los demás y con mejores resultados.

2. Haga valer su tiempo

El tiempo es oro: cada momento es único y, a diferencia de muchas otras cosas, no puede recuperarse. Por eso, si puede sacarle provecho en favor de su bienestar económico, ¿por qué no hacerlo?

Este razonamiento le permitirá valorar sus habilidades y exigir una remuneración acorde cuando las destine a proyectos ajenos. Creer en nosotros mismos hará que los demás también crean.

3. Cuestione el lenguaje de las debilidades

Solo es posible sobresalir cuando se destacan las fortalezas, y no cuando se reconocen únicamente las debilidades.

Estas existen y hay que aceptarlas para mejorar, pero no se puede vivir lamentando lo que no se resuelve con habilidad.

Cambiar el lenguaje, crear uno nuevo que reivindique su potencial, le permitirá sentirse mejor y mirar con mayor optimismo el futuro, sabiendo que es capaz de construir su propio camino.

No está mal que visite al médico para que detecte debilidades físicas, o recurra al psicólogo para revisar conductas equivocadas y encarar conflictos, dilemas u obstáculos que solo no es capaz de superar.

Sin embargo, si se deja llevar únicamente por las observaciones de los demás, por las calificaciones de las instituciones en las que se educa o las empresas donde trabaja, poco a poco irá subestimando sus habilidades.

4. Sepa decir que no

Es hora de admitirlo: a mucha gente le cuesta decir que no. Y las razones son muy distintas: evitar la confrontación con los demás, la búsqueda de la aceptación en los grupos sociales que son de su interés, el deseo de ayudar a otros y recibir ayuda, etcétera.

Lo cierto es que la falta de voluntad para responder "no" puede generarle numerosos inconvenientes. En un primer momento, el costo tal vez sea mínimo, pero a la larga una vez que se encuentre atrapado en el círculo vicioso que implica ceder constantemente a los intereses ajenos notará que la situación se agrava hasta tornarse insostenible.

Es importante, entonces, aprender a decir que no apelando a la sinceridad y recurriendo a argumentos verdaderos que puedan ser comprendidos por los demás. Mentir para evitar la confrontación no lo librará de futuros compromisos que también deseará rechazar.

En el ámbito laboral, muchas veces surgen trabajos poco placenteros que no lo enriquecen bajo ningún aspecto. Rechazarlos es el mejor consejo.

5. No le tema a los ingresos variables

Trabajar en relación de dependencia es de lo más cómodo: si está registrado, le acreditan el sueldo a principio de mes, cuenta con la cobertura de una obra social, realiza aportes para la jubilación, tiene aguinaldo y vacaciones pagas.

Sin embargo, la comodidad tiene su precio y las únicas certezas que tendrá son dos: que siempre deberá obedecer órdenes ajenas y que nunca le pagarán el total del ingreso que genere con su tarea.

Trabajar por cuenta propia, en cambio, implica asumir un riesgo fundamental: los ingresos varían y dependen, entre otros factores, del rendimiento particular, y su salud financiera se puede ver afectada si pierde clientes, se enferma o pretende tomarse un descanso.

La mayoría de la gente no se prepara para transitar con calma los momentos de inestabilidad, y la sensación de inseguridad le impide tomar decisiones clave en su vida laboral.

Para quienes consideren que tienen capacidad de generar mayores ingresos como trabajadores independientes, una recomendación frente a los temores es restarle importancia a los vaivenes en los ingresos, ordenar los gastos y probar suerte durante un tiempo relativamente prolongado.

Recién al cabo de un año, como mínimo, podrá sumar los ingresos obtenidos y dividirlos por la cantidad de meses trabajados. El resultado le dirá si la apuesta, al menos en los primeros tiempos, le dio los frutos que esperaba.

6. Sienta orgullo de usted mismo, y no se rinda

Cuando uno hace lo que le gusta, lo único que desea es seguir haciéndolo y cada vez mejor. Pero no siempre es sencillo convencer a los potenciales clientes de la conveniencia de pagar un trabajo de calidad o incluso de la necesidad de que se realice ese trabajo.

Muchas veces uno se topa con personas que desean contratarlo para que ejecute una idea determinada, y esa idea no es exactamente la más conveniente para ellas ni la que las dejará más contentas. En esos casos, uno suele acercarles propuestas alternativas, que unas veces son bien recibidas y otras no.

Lo mejor, cuando las diferencias persisten, es buscar un término medio o directamente pasar a otro potencial cliente para evitar decepcionar a esas personas y terminar realizando una tarea que desde el comienzo no resulta interesante.

Si uno siente orgullo de sí mismo y se sabe conocedor de su materia, no tiene más que golpear puertas para ir encontrando poco a poco a las personas que sepan valorarlo. Y con el resto no habrá que enojarse: nadie está obligado a contratarlo.

7. Confeccione dos listas de actividades

Ganar dinero haciendo lo que le gusta es prácticamente una opción de vida, una decisión que se toma con seriedad y que lo marca como persona.

Por eso, a todo aquel que pretenda trabajar en lo suyo para enriquecer su bolsillo y su espíritu, se le recomienda comenzar por una tarea simple y a la vez pedagógica: confeccionar una lista con las diez actividades que más le gusta hacer y otra con las diez que menos placer le generan.

Una vez que las haya pasado al papel, deberá buscar la forma de ir abandonando las menos placenteras para concentrarse en las que le parezcan más agradables. Al cabo de un año, los resultados pueden ser sorprendentes.

8. Evite endeudarse

Una de las estrategias más efectivas que adoptan quienes no se animan a abandonar ciertas obligaciones laborales es el endeudamiento. Dicen que no pueden dejar de trabajar en eso que no les gusta porque tienen que saldar compromisos o pagar pesadas e interminables cuotas.

Luego de reconocer esa estrategia nociva, deberán aprender a combatir una de las principales normas del capitalismo de consumo: aunque los bancos y las empresas emisoras de tarjetas de crédito pretendan que creamos lo contrario, no todo los bienes que desea tener deben comprarse en el momento.

Además del ahorro que implicará comprar esos productos tecnológicos un tiempo después de su lanzamiento, descubrirá un segundo beneficio: no deberá trabajar más para pagar objetos que ya no solo no usa, sino que ni siquiera recuerda por qué los compró.

Y también, un tercer beneficio: cuando de veras sienta deseo de comprar algo, tendrá el dinero para hacerlo.

Las deudas solo pueden justificarse desde el ámbito de las necesidades, y estas, en su mayoría, no son propias: las generan esas empresas a las que nuestra salud financiera les importa poco y nada.

Tips para establecer
sus metas financieras

1. Encuentre su camino en el mundo de las finanzas

Cuando una actividad se practica con frecuencia, se transforma en costumbre. Y no hay costumbre que canse, a menos que haya sido impuesta contra nuestra voluntad.

Sé que no siempre es sencillo tomar coraje y adentrarse en el mundo de las finanzas con el objetivo de convertirse, al cabo de algunos años, en un real conocedor de la materia. Por eso recomiendo iniciarse con los maestros menos exigentes, pero a la vez bastante completos: los diarios de economía y finanzas.

Leer todos los días las noticias le permite a uno acostumbrarse al lenguaje económico y bursátil, mantenerse informado e ir comprendiendo el juego que se plantea entre las distintas variables (por ejemplo, la probable relación entre el precio del oro, las principales monedas y las tasas de interés).

Si a la lectura frecuente, y cada vez más profunda, se le suma la posibilidad de realizar cursos que le resulten interesantes a bajos precios, terminará alentando su deseo de comenzar a invertir, sobre todo desde el momento en que conozca las historias de los grandes ganadores, cuyos consejos aún perduran.

Por último, si su excusa para no animarse reside en la complejidad que presenta el mundo financiero, debe saber que se trata de un universo que ofrece numerosos campos para explorar. Usted podrá elegir el que más le guste para empezar.

2. Establezca metas financieras realistas

Las metas de largo plazo pueden sonar quiméricas, pero no por ello imposibles. Hacerse millonario, vivir de las inversiones y viajar por todo el mundo son sueños que pertenecen a la mayoría de los seres humanos, y que nunca deben descartarse, aunque lo apropiado sea comenzar por objetivos cercanos para ir ganando confianza con su concreción.

Por otra parte, las metas deben ser mensurables y el eventual éxito de su iniciativa debe poder comprobarse. No sirve proponerse "tener más dinero", si no se especifica un monto y un plazo para conseguirlo.

3. Busque acuerdos con sus afectos

Hacer participar a la familia, o a la pareja, del diseño de las metas financieras es una medida inteligente. Los acuerdos brindarán mayor sustentabilidad a los planes de largo plazo y favorecerán su cumplimiento.

También resulta conveniente consultar a las personas que ya alcanzaron metas similares a las que se ha fijado.

Por eso, no está de más solicitarles una entrevista y armar un buen cuestionario que nos permita evacuar todas las dudas acerca de los objetivos que pretende lograr y de las estrategias para alcanzarlos.

4. Entrene su tolerancia al fracaso

El camino al éxito está plagado de fracasos. De allí, el dicho: "A veces se gana, y a veces se aprende".

Si uno persigue las metas con verdadero entusiasmo, ninguna dificultad lo afectará tanto como para desviarlo del camino. Por el contrario, todo obstáculo será visto como un desafío para la superación y un aprendizaje de cara al futuro.

No es más sabio quien vive muchos años sino quien aprende de los fracasos y las equivocaciones propias y ajenas.

Capitalizar las enseñanzas que dejan las malas experiencias es lo que mejor hacen los triunfadores.

5. Seleccione cuidadosamente los ítems de su plan

Al momento de confeccionar su lista de objetivos, deberá determinar cuáles son los que desea alcanzar primero y los que le producirán mayor satisfacción.

Pagar la educación de sus hijos, saldar todas las deudas o generar ingresos pasivos. Todas las opciones son válidas. Lo importante es ordenarlas según su deseo y satisfacción, e intentar cumplirlas una por una.

6. Lleve una contabilidad de los resultados y las metas pendientes

Todo registro en papel o computadora es útil. Le permite a uno saber con precisión dónde está parado y no perder de vista las metas originales.

A la hora de trazar un mapa de objetivos, lo ideal es fijarse plazos. Por ejemplo, se puede proyectar a un año y evaluar, concluido el período, si se ha cumplido lo pautado.

También permitirá redefinir metas si se comprueba –transcurrido un tiempo prudencial– que conviene perseguir fines menos ambiciosos en el corto plazo o redefinir los objetivos.

7. Sea flexible con los objetivos planteados

Por lo general, las personas evolucionan con el paso del tiempo, y tanto su realidad como sus objetivos van modificándose.

En consecuencia, la flexibilidad constituye la mejor postura frente a las metas financieras de mediano y largo plazo.

Revisarlas, corregirlas e, incluso, reemplazarlas por otras más realistas o probables es un buen ejercicio para todo aquel que persiga el éxito financiero con ambición y sin desesperarse.

8. ¡Empiece cuanto antes!

El tiempo es oro. Derrocharlo genera un costo en oportunidades perdidas que puede terminar lamentando.

Lo dicho no anula, aunque suene contradictorio, el famoso mandamiento: "Nunca es tarde para empezar".

Por un lado, hay que aprender a valorar el tiempo y no amilanarse ante el riesgo que supone comprar un buen activo a bajo precio cuando el contexto se presenta negativo y la incertidumbre y el miedo dominan al resto y llevan los valores a niveles de remate.

Por el otro, debemos saber que siempre surgen nuevas oportunidades, y no hay que desesperar cuando se pierde una o se la deja pasar. La desesperación genera impaciencia, y la impaciencia, apuestas apresuradas.

Ante la oportunidad perdida, se debe aprender la lección: actuar es el único camino para alcanzar los objetivos. Y actuar implica analizar para luego invertir; no lamentar y abandonar.

Tampoco debe esperar conseguir todo de golpe. A las grandes metas se llega con pasos firmes, por lo general cortos, y ocasionalmente largos, pero siempre firmes. Cuanto antes se empiece a caminar, mejor.

Tips para crear un negocio exitoso

1. Analice a la competencia

Todo sector de la economía tiene sus particularidades. Conocerlas es paso obligado de quienes pretendan hacer de su emprendimiento un buen negocio. Una tarea ineludible es analizar a los consumidores y descubrir sus necesidades, gustos y expectativas.

Otra tarea no menos importante refiere a la competencia: si quiere sobrevivir en un mundo regido por el juego entre la oferta y la demanda debe saber qué ofrecen los demás productores, qué nombres eligen para sus empresas y sus productos, dónde ubican sus oficinas y cómo se promocionan en Internet, qué tamaño tienen, cuál es su participación en el mercado, etcétera.

También, su capacidad para innovar, sus conocimientos técnicos, financieros y de marketing, así como sus debilidades, principalmente cuando se refieren a sesgos que les impiden crear tendencia y satisfacer la demanda de los clientes de vanguardia.

Con estos elementos a mano, se podrán definir estrategias de competitividad para capturar la mayor cuota posible de mercado.

2. Sea organizado

Una buena organización temporal permite definir prioridades y reducir el tiempo dedicado a cada tarea.

Si lo desea, puede utilizar el sistema de "unidades de tiempo" que se aplica de la siguiente manera: si la jornada laboral consta de 8 horas, se la divide en 16 unidades de 30 minutos.

A cada tarea le puede asignar unidades de tiempo, desde una hasta 16, si es que le demandará todo el día.

Así sabrá si está cumpliendo con el tiempo asignado a cada tarea y si las ganancias que le reditúan ameritan el esfuerzo.

3. Priorice las tareas cotidianas

En su libro *Los 7 hábitos de la gente altamente efectiva*, Stephen Covey establece una distinción muy útil de los deberes que realizamos a diario, de modo de determinar cuáles debemos priorizar cuando el tiempo escasea:

a) Urgentes e importantes

Son las tareas vinculadas con las responsabilidades o metas de corto plazo. Ejemplos: atender a los clientes, responder los correos electrónicos, preparar presupuestos, cumplir con los plazos prometidos, etcétera.

b) Importante, pero no urgente

Refiere a las metas de largo plazo. Su resolución no es inmediata, aunque ello no significa postergar las tareas eternamente, porque entonces estará abandonando sus proyectos personales en nombre de lo urgente. Si es necesario, asuma menos obligaciones de corto plazo.

Puede ayudarse a no abandonar las metas incluyéndolas en la agenda y asignándoles varias unidades de tiempo semanales.

c) Urgente, pero no importante

Muchas veces se confunde lo urgente con lo importante. Cuando alguien le interrumpe su trabajo con una pregunta, por cortesía abandona la tarea para responder, y paga el precio de la desconcentración.

Siempre que se esté dedicando a una labor que requiera gran atención, lo más recomendable es preparar el ambiente para que nadie lo interrumpa. Y esto incluye correos electrónicos, mensajes de texto, etcétera.

d) Ni urgente ni importante

Muchas veces, en el afán por un momento de distracción, se derrochan horas en actividades muy poco productivas, tanto para el espíritu como para el bolsillo.

¿Cuántas veces ha perdido tiempo en una película mala que al minuto de comenzada podría haber descartado? ¿O en un programa de televisión poco interesante? ¿O incluso en un libro que nunca terminó de convencerlo?

Si algo no es urgente ni importante, ¿por qué le regala su valioso tiempo? Piénselo y habrá dado un paso clave en el camino hacia la correcta organización de su vida cotidiana.

4. Planifique

Quien sabe planificar, conoce la satisfacción de cumplir sus objetivos laborales sin dejar de disfrutar del tiempo libre.

Si usted no pertenece a esa clase de persona, no se desespere; puede aprender a planificar, siempre que acepte que se trata de un proceso gradual que demanda tiempo.

Debe comenzar fijando una fecha u hora tope para la realización de una labor determinada. Luego debe segmentar el horario y definir cuántas unidades de ese tiempo le asignará a la tarea en cuestión.

En la práctica, sabrá darse cuenta si va por el buen camino o necesita mejorar el plan, ya sea otorgándole más horas a la tarea elegida, limitando los objetivos o reduciendo el tiempo de ocio.

Tal vez en el proceso de ejecución encuentre, además, que una parte de los objetivos están errados o no son los más apropiados y conviene reemplazarlos, aunque ello implique modificar el plan de raíz. Lo importante en estos casos es comprender que toda planificación debe ser rigurosa en lo que se refiere a la dedicación, pero flexible en relación con las metas planteadas.

Una vez que se acostumbre a planificar, notará que hasta las labores cotidianas –ajenas al trabajo– le resultan más sencillas de realizar.

5. Acepte un "no" como respuesta

Muchas personas no aceptan una respuesta negativa. La consideran frustrante, pero en realidad se trata de un problema de intolerancia.

La intolerancia a la frustración se vincula con la dificultad para adaptarse a los distintos escenarios, principalmente cuando son adversos. Ahí queda en evidencia la falta de voluntad y la escasa fortaleza para sobreponerse a un malestar que solo debería ser momentáneo.

Durante la realización de cualquier proyecto de largo plazo, se topará con muchas respuestas negativas. Con imaginación y esfuerzo sabrá perseguir las mismas metas por caminos distintos de los que se le negaron.

En el ámbito de los negocios es regla que quien sabe tolerar y aceptar un "no" como respuesta termina aprendiendo también a encontrar las vías para evitarlos y obtener generalmente un "sí".

Solo sabe ganar dinero quien antes aprende a perderlo y a no frustrarse por ello ni actuar con temor, rabia o desesperación en su siguiente oportunidad.

6. Invierta tiempo y dinero

Si bien el tiempo es oro, cuando se lo concibe en términos de inversión conviene ser generoso: formarse implica años de esfuerzo y muy pocos llegan lejos sin haber pasado por ese período tan demandante como gratificante.

La recompensa está a la vista: aquel que sepa de un tema podrá realizar mejores análisis u ofrecer un trabajo de mayor calidad y en menor tiempo que quien maneje los conceptos básicos (y, muchas veces, en forma equivocada), por lo cual podrá exigir más a cambio de sus servicios.

Por eso, ante la pregunta acerca de qué valora más, si el tiempo o el dinero, la mejor respuesta es: "ambas cosas". El tiempo es necesario para toda formación que se precie de buena y muchas veces esa formación demanda dinero, ya sea porque requiere inversión o porque implica un abandono de labores que generan ingresos.

7. Venda lo que le gusta

La pasión es altamente contagiosa y no hay mejor vendedor que aquel que está convencido de las bondades del producto o servicio que ofrece.

¿Por qué aceptar vender algo que no le gusta si hay tantos bienes y servicios buenos para ofrecer? Es una pregunta que alguna vez me transmitió un experimentado vendedor y que hoy comparto.

Vender algo que le guste activará su costado creativo y permitirá que florezca en usted la imaginación. Esta, combinada con la pasión, se convierte en un arma infalible a la hora de convencer a los potenciales clientes.

Por lo tanto, a mejor producto, mejor vendedor. Y a mejor vendedor, mejores negocios.

8. Mantenga una actitud mental positiva

En el libro *La actitud mental positiva*, Napoleón Hill y W. Clement Stone afirman que todo proceso creativo comienza con una idea, y que la actitud mental es fundamental en la comprensión del presente y la construcción del futuro.

Advierten que las personas con actitud mental positiva no se dejan ganar por los problemas, sino que, ante la aparición de obstáculos, se concentran de inmediato en las posibles soluciones.

Ver en cada obstáculo una oportunidad para hallar respuestas sustentables y duraderas es vivir la vida con espíritu de superación. Solo con ingenio y perseverancia se llevaron adelante las grandes obras, entre ellas, las vinculadas con los negocios.

Tips para lograr
la independencia financiera

1. Sepa convertirse en un inversor

Alcanzará la independencia financiera cuando sus ingresos pasivos cubran tanto los gastos fijos como los variables, y le permitan vivir sin necesidad de trabajar.

La única manera de tener ingresos pasivos es a través de inversiones que generen renta y no nos demanden demasiada atención.

Por eso, cuando le nazca la curiosidad por la Bolsa, los inmuebles o las franquicias, permítale que crezca y aliméntela con lecturas de diarios, revistas y libros, o concurriendo a cursos, o viendo videos educativos que a la larga le permitirán hacer buenos negocios.

2. Compre activos, no pasivos

En sus libros, Robert Kiyosaki define al activo como aquello que le pone dinero en los bolsillos todos los meses, mientras que explica el pasivo como aquello que lo saca.

Se trata de una distinción que la mayoría de la gente no realiza, y que explica buena parte de sus problemas financieros.

Así, vemos que mientras quienes tienen dinero adquieren activos que incrementan su riqueza (plazos fijos, bonos del Estado o de empresa privadas, departamentos para alquilar), el resto compra bienes que generan gastos o resultan caros en relación con los ahorros disponibles.

¿Cuál es el principal pasivo que suele confundirse con un activo? El auto, que cuanto más caro es, más dinero exige en concepto de impuestos y mantenimiento.

3. Si siente miedo, acéptelo y trabaje para superarlo

Dice Napoleón Hill que el miedo a perder dinero es un sentimiento propio del hombre en el capitalismo, donde la condición económica atraviesa todas las esferas: una posición cómoda otorga estatus social y permite acceder a ciertos ámbitos de poder y obtener privilegios; mientras que la falta de dinero puede derivar en una marginación creciente.

De allí que muchos inversores cometan la peor de las equivocaciones: vender cuando todo se derrumba por temor a perder su capital, sin comprender que las caídas de precios generalizadas son oportunidad de compra antes que de venta.

Aceptar que se siente miedo, reconocer su naturaleza y comprenderla es fundamental para superar el sentimiento negativo a la hora de concretar un negocio.

Antes de vender la acción de una buena empresa en sus valores mínimos históricos o correr a comprar dólares a cualquier precio, conviene reflexionar sobre las razones que nos movilizan. Si el miedo se destaca entre ellas, mejor pensar dos veces lo que se va a hacer.

4. Mantenga un nivel de gastos acorde con sus ingresos pasivos

El término "ingresos pasivos" no debe asimilarse a "deudas". Más bien, todo lo contrario: son aquellos ingresos con los que una persona puede contar sin necesidad de trabajar.

Se trata de la renta derivada del alquiler de viviendas, la adquisición de títulos públicos o bonos de empresas privadas, plazos fijos, *royalties*, etcétera.

Si es capaz de limitar el gasto a esos ingresos y aun así vivir cómodamente, no solo evitará contraer deudas, sino que podrá dedicar sus horas laborales a proyectos que tal vez no generen dinero en forma regular, pero sí le permitan realizarse como persona con algo para decir o hacer en este mundo.

5. Acepte consejos, pero no los siga siempre al pie de la letra

El *best selling* Robert Kiyosaki distingue dos tipos de padres: unos que les enseñan a sus hijos a destacarse en el mundo capitalista, vivir de rentas y dedicar su tiempo a proyectos propios, y otros –la mayoría– que insisten con que la clave del progreso está en el trabajo diario y estable dentro de una empresa, y en la conducta conservadora en el mundo de las finanzas.

Aunque más adelante desarrollaré su postura casi con sus propias palabras, lo que puedo adelantar es que no todos los consejos son buenos, aun cuando provengan de seres queridos.

¿Acaso lo mejor para usted sea someter su capacidad laboral e incluso de investigación y análisis a intereses ajenos? ¿Acaso deba conformarse con un trabajo aburrido y rutinario solo porque a cambio se le brinda un ingreso aceptable? Es para pensarlo.

6. No diversifique demasiado

Se trata de una recomendación polémica pero interesante. Me refiero a desafiar la creencia de que "nunca hay que poner todos los huevos en la misma canasta", de que la única manera de hacer dinero con las inversiones es diversificándolas.

A veces surgen oportunidades que no deberían desperdiciarse, y si apuesta a varios activos en lugar de concentrarse en ese que promete mucho para el riesgo que implica estaría desaprovechando la oportunidad.

El caso de los bonos públicos argentinos durante la crisis financiera internacional de 2008 es paradigmático: sus valores estaban por el piso y la enorme mayoría de los inversores descontaba que el Estado nacional no podría afrontar los siguientes vencimientos de deuda y que el Gobierno no tendría problemas en suspender los pagos (muchos justificaban su pesimismo a partir del discurso oficial poco amistoso con los mercados y el capital financiero).

Lo cierto es que quienes durante la crisis supieron evaluar la exagerada percepción del riesgo que pesaba sobre esos y otros activos prometedores, advirtieron que difícilmente saldrían perdiendo. Operaron en consecuencia y lograron ganancias que no hubieran obtenido en caso de mantener buena parte de su cartera en efectivo o escondiendo sus ahorros en cajas fuertes de bancos.

En general, la diversificación de las inversiones es un buen consejo para evitar que la eventual caída de un activo puntual lo perjudique en demasía, pero no debe tomarse como un mandamiento bíblico; hay momentos en que la regla debe quebrarse. Suelen ser esos tiempos de derrumbes generalizados donde aparecen activos relativamente sólidos que prometen rentabilidades que pueden elevar nuestro capital a un piso superior.

Claro que determinar cuándo, cómo, dónde y por qué depende de cada uno. De allí la necesidad de ir formándose en la materia.

7. Aprenda a dar "pasos de bebé"

Algo casi divertido sucede con quienes, cansados de su empleo en relación de dependencia, de la rutina, del malhumor de su jefe, de las horas mal pagadas y del esfuerzo no reconocido, leen a los popes de la autoayuda financiera y creen encontrar las claves para llevar adelante una transformación inmediata de su vida.

Además de anunciarles a propios y extraños que al fin encontraron *el* camino, sienten el impulso desenfrenado de ir al correo para enviar el telegrama de renuncia al trabajo.

Error. Craso error. Nada mejor, si se pretende el cambio, que ir logrando avances graduales para tomar las decisiones más radicales en los momentos apropiados, con el escenario bien analizado y una vez contempladas las posibles consecuencias.

¿De qué serviría renunciar al trabajo y a la fuente regular de ingresos si no se han consolidado aún los ingresos pasivos de los que hemos hablado anteriormente? No hagamos que *la gran decisión* se convierta en una mala decisión por culpa de la impaciencia.

8. Piense, planifique, decídase y actúe con perseverancia

Las ideas pueden generar acciones, y las acciones, resultados concretos.

El primer paso, entonces, consiste en pensar, en ejercitar la mente y dedicarle tiempo a la imaginación y la reflexión para que del pensamiento surjan buenas ideas (en este caso, respecto del dinero y las inversiones).

Cuando surja una buena idea, la clave reside en elaborar un plan para llevarla a la práctica. Luego debe decidirse a aplicarlo y, finalmente, revisarlo o sostenerlo en busca del resultado deseado.

Puede ser flexible con el plan, siempre que los resultados parciales le adviertan que existe algo que no está haciendo del todo bien. Incluso puede descartar la idea o modificarla, pero el fin no debería cambiarse.

Conformarse de antemano con un resultado menos favorable no parece lo más aconsejable para quienes se proponen metas realistas. Implicaría rendirse ante los obstáculos, una actitud que a la larga podría terminar llevándolo al fracaso.

De allí la importancia de perseverar. "No está muerto quien pelea", rezaba mucho tiempo atrás una tapa de la revista de deportes *El Gráfico*. El equipo al que hacía referencia terminaría perdiendo el campeonato pero iniciando, en base a su mentalidad ganadora, un período de éxitos deportivos que lo llevarían a lo más alto.

Tips para leer antes de comprar dólares

1. Compre inversión

Nadie lo discute: por primera vez en mucho tiempo, el dólar fue mal negocio en la Argentina: recién en 2010 superó la cotización máxima alcanzada en 2002. Por lo tanto, quienes hayan atesorado dólares a lo largo de esos años perdieron feo contra la inflación.

Y si bien la posibilidad de que la inflación continúe superando a la revaluación del dólar es cada vez menor porque el alza de precios internos tiende a restarle competitividad a una economía donde el tipo de cambio se mantiene estable, lo cierto es que nada lo obliga a atesorar dólares y descartar inversiones en esa moneda que además ofrecen renta.

Hablamos, por ejemplo, de bonos públicos o corporativos (de empresas) que saldan con periodicidad el capital invertido y pagan un interés anual determinado.

2. Tenga en cuenta la política

Los períodos eleccionarios, la ideología de quienes ostentan el poder político, su orientación económica, los pactos con ciertos grupos empresarios y los cruces con otros, e incluso el modelo imperante en la región son cuestiones que no se pueden obviar a la hora de decidir si conviene tomar una posición en dólares, o no.

Vayamos, con un ejemplo, al campo de lo concreto: la eclosión de 2001 y la crisis de 2002 modificaron la ecuación de la economía argentina y, al devaluar sus precios medidos en dólares, permitieron un cambio de modelo, donde la protección del mercado interno y el fomento de las exportaciones pasaron a ser el norte.

De continuar el modelo, tendremos al menos una certeza: la cotización del dólar frente al peso no bajará, dado que una caída les restaría competitividad al campo y, fundamentalmente, a la industria, con lo que el superávit comercial comenzaría a flaquear y el Estado debería emitir bonos en el exterior para conseguir los dólares que necesita para pagar la deuda.

Por supuesto, la continuidad del modelo dependerá, en gran medida, de lo que suceda con las variables mencionadas más arriba (ideología de los gobernantes, pactos, influencia regional). Por eso se vuelve necesario comprender el juego político para implementar una buena estrategia financiera.

3. Compare valores antes de comprar

A cuántos, como a mí, les habrá pasado... Tiene que viajar al exterior y no compró los dólares necesarios para solventar los probables gastos ni para cubrirse de imprevistos.

Frente a ese escenario, surgen dos opciones: salir apurado al banco, o resignarse a comprar en el aeropuerto, sabiendo del sobreprecio que tendrá que pagar.

Quienes opten por la primera opción no tendrán oportunidad de comparar precios de venta del dólar a menos que se encuentren cerca del Microcentro o que se tomen el trabajo de visitar los sitios de Internet que informan sobre los valores de las casas de cambio y los bancos.

En cualquier caso, el tiempo siempre es clave y no hay razón para dejarlo pasar.

4. No compre para vender de inmediato

El *spread* es la diferencia que existe entre el precio de compra del dólar (el que pagan las casas de cambio y los bancos por adquirir las divisas) y el de venta (el que paga usted si quiere comprar dólares).

Por supuesto, el de venta será siempre más alto y muy difícilmente hará negocio si compra dólares al precio que le ofrecen para venderlos al poco tiempo.

En consecuencia, toda compra de dólares con espíritu meramente especulativo debe plantearse con un horizonte de meses, si no de años.

5. Tenga en cuenta las normas

Si su situación frente al Estado es irregular porque tiene dinero no declarado ante el Fisco, le recomendamos declarar la tenencia y después adquirir los dólares que desee.

Sucede que si una persona adquiere activos por un monto muy alto para el nivel de riqueza que permiten suponer sus declaraciones de ganancias y bienes personales, la Administración Federal de Ingresos Públicos (AFIP) sabrá investigar y tomar medidas punitivas que afectarán –no sin razón– la estrategia de ahorro.

En el caso del dólar se suman restricciones legales que tienden a limitar la demanda, desalentar la evasión impositiva y combatir el lavado de dinero: más allá de la autorización en el momento que exige la AFIP, no se pueden comprar con efectivo más de 20.000 dólares por mes, ni más de 250.000 dólares por año.

Quien pretenda superar esas cifras deberá hacerlo vía transferencia bancaria, asegurándose de haber declarado previamente la cuenta de origen de los fondos y de poder esgrimir razones para la compra, dado que el Estado exigirá conocer el destino de los dólares que se adquieren para habilitar la operación.

6. Conozca los distintos tipos de cambio

La compraventa de dólares constituye el principal negocio de las casas de cambio. No sucede lo mismo con los bancos, cuya esencia radica en cobrar intereses más altos por el dinero que prestan que los pagados por los depósitos que reciben.

Por lo tanto, ya que deben competir entre sí por la clientela, serán las casas de cambio las que generalmente ofrecerán los mejores precios de compra y venta de dólares.

Esta primera diferenciación es clave para orientar correctamente la mirada en la tarea de comparar precios que recomendábamos llevar adelante en el tercer tip.

Por cada 10.000 dólares que se adquieren, un centavo de más en la cotización que pague equivaldrá a 100 pesos de gasto innecesario, una cifra nada despreciable para el escaso tiempo que demanda elegir bien a quién le compra los billetes.

7. Pondere el contexto internacional

Cuando compra dólares inevitablemente está apostando a la salud económica y financiera de su país emisor, los Estados Unidos. Implícitamente, está confiando en que continuará liderando el crecimiento y lo hará cuidando tanto sus cuentas como el valor de su moneda.

Cierto es que estas premisas no se cumplieron en los últimos años, y difícilmente se cumplan en los tiempos venideros.

Por un lado, China compite cada vez más por el puesto de vanguardia y detrás del gigante oriental aparece un grupo de países emergentes con superávits cada vez más firmes, industrias más desarrolladas y productivas, y monedas que –al ir apreciándose– permiten mejorar la calidad de vida de sus poblaciones.

En segundo lugar, el rojo comercial de los Estados Unidos no parece reducirse con la velocidad suficiente y a su economía le cuesta pararse sobre terreno firme.

Finalmente, la emisión gigantesca de dólares que tuvo lugar desde la crisis hipotecaria de 2008 promete traducirse cada vez más en una devaluación de la divisa norteamericana que debería notarse más en el contraste con las monedas emergentes.

En consecuencia, no parece mala idea diversificar las inversiones que se realicen en monedas de otros países, sean francos suizos, libras esterlinas o reales, entre muchas otras.

8. Piense en el dólar a futuro

En el mercado Rofex de Rosario se pueden comprar o vender dólares para los meses venideros sin la necesidad de inmovilizar en el presente todo el capital destinado a la operación.

Este tipo de operaciones, que incluyen la adquisición de dólares en una fecha futura determinada y a un precio pactado con el vendedor, puede resultar de suma utilidad para cubrirse de variaciones inesperadas en la cotización del dólar, como una suba pronunciada de la divisa que termine encareciendo demasiado un producto que importará del exterior.

CAPÍTULO 2

¡A GANAR TIEMPO!

El ocio es salud y la salud, una meta ineludible en el camino hacia la felicidad. Imagine al tiempo libre como un campo fértil donde cultivar ideas, ponerlas en práctica y explotarlas con ingenio; donde hasta el descanso resulta productivo. La clave reside en escaparle al círculo vicioso del trabajo agotador e ingresar en el círculo virtuoso del tiempo al servicio de sus ideas. El principal resultado será su propia satisfacción.

Tips para aprender
a ahorrar

1. Registre las salidas de dinero

Anotar cada gasto puede resultar laborioso e incluso agotador. Sin embargo, resulta necesario para aquellos que –pese a contar con un ingreso más que aceptable– no logran consolidar ahorros.

Para ellos, la única solución posible es comenzar con este punteo, que deberá incluir cada salida de dinero, desde las más importantes hasta las más insignificantes.

Será el primer paso para adoptar hábitos financieros más saludables y evitar gastos absolutamente innecesarios y caprichosos, que nada tienen que ver con nuestros verdaderos deseos y necesidades.

Aunque en un principio la tarea puede resultar tediosa, con el correr del tiempo formará parte de las labores diarias, de la costumbre. Y casi sin notarlo habrán mejorado sustancialmente sus hábitos de consumo, por lo que la anotación exhaustiva irá perdiendo sentido.

2. Clasifique los gastos

La clasificación de los gastos puede incluir tantas categorías como quiera el interesado. Lo importante es que le permita discriminar entre las compras necesarias, las prescindibles y las inútiles.

Para completar los ítems en forma correcta se debe ser absolutamente honesto: no sirve mentirse y ubicar entre los bienes necesarios uno que no genere satisfacción duradera ni resulte útil.

¿Cómo discriminar entre gastos necesarios, prescindibles e inútiles? Reflexionando seriamente sobre las motivaciones propias del consumo y siendo consciente de la presión social que nos inclina al gasto permanente como método para reducir la ansiedad (la principal responsable del consumo compulsivo o superfluo).

3. No se reprima, solo modérese

Si en el intento por mejorar sus hábitos de consumo decide suspender todos los gastos superfluos, incluso aquellos que generan verdadero placer, no conseguirá otra cosa que perderse en el malhumor y abandonar el plan, consciente de su fracaso.

Por ejemplo: si está acostumbrado a cenar en restaurantes cinco veces por semana, reduzca las salidas a dos o tres en el mismo período. Si optara por evitar toda salida, dejaría de disfrutar de una porción de su ingreso excedente, y el esfuerzo perdería todo sentido.

4. Establezca metas de ahorro realistas

Así como los ingresos de las personas son distintos, también los son sus metas de ahorro y de renta financiera.

Sin embargo, pese a las diferencias, en todos los casos las metas deben compartir dos características clave: ser mensurables y realistas. Es imposible hablar de fracaso o éxito si no se establecen los objetivos con criterio y precisión.

Por otra parte, como ya se ha dicho en este libro, es necesario plantearse metas de corto y mediano plazo que nos lleven hacia las de largo plazo. Su concreción –siempre que el plan haya sido correctamente elaborado– nos confirmará que estamos en el buen camino.

¿Cuál sería una meta de corto plazo? Ahorrar un 10% más que el mes anterior. Si se logra sin mayor esfuerzo, plantéese una meta similar para el mes siguiente.

La meta de mediano plazo consistiría, en este caso, en obtener un nivel de ahorros que permita realizar inversiones de largo plazo sin necesidad de recurrir a ese dinero para gastos futuros.

Finalmente, el objetivo principal consistiría en adquirir conocimientos e invertir cada vez mejor el capital para generar niveles de renta que le permitan alcanzar la independencia financiera o, al menos, reducir las horas de trabajo destinadas a proyectos ajenos.

5. Conozca los distintos tipos de ahorro

Aunque en el imaginario social el ahorro sea uno solo, lo cierto es que no existe una forma única de ahorrar.

La acumulación de capital va de la mano de los objetivos que se persigan, y no es lo mismo ahorrar para crear un fondo de emergencia para afrontar imprevistos que hacerse de dinero con el objetivo de invertirlo e incrementar el capital.

A esos dos tipos de objetivos puede sumárseles un tercero: el ahorro para comprar un auto, equipar la casa o salir de vacaciones.

De los tres objetivos mencionados, el primero implica un plan acotado en términos de cantidad: se quiere ahorrar hasta alcanzar un monto determinado de dinero que nos permita no pasar apuros en caso de imprevistos.

El último también implica un límite relativamente cercano: el monto destinado a una compra determinada tiene un tope establecido, más allá de que el paso del tiempo y la demora en alcanzarlo pueden hacer que el precio del bien deseado suba por efecto de la inflación.

En este caso, vale decirlo, el límite es algo borroso, dado que a un objetivo le puede seguir otro, y a ese otro uno nuevo (primero ahorramos para una heladera, luego para la computadora y así…). Sin embargo, hay topes establecidos para cada compra que nos hablan de cierta finitud temporal en las metas de ahorro.

El segundo caso, referido al capital para inversión, es el que no tiene final a la vista y, paradójicamente, es el que proyecta el mejor de los horizontes.

Si la meta es ahorrar para "poner a trabajar" el capital y generar más ahorros, no hay por qué fijarse un límite. Claro que esto no significa que se deba ahorrar eternamente con el único objetivo de ahorrar aún más.

Existe un fin: cubrir los gastos cotidianos con la renta derivada de las inversiones.

En el camino, sin perder el norte, se podrá balancear entre el excedente destinado a inversión y el que se volcará, por un lado, a un fondo de emergencia y, por otro, al consumo placentero.

6. Abandone las tarjetas, las compras en cuotas y los descubiertos bancarios

Esta recomendación, claramente extrema, está dirigida a quienes no pueden reprimir el deseo de utilizar sus tarjetas de crédito y/o endeudarse para adquirir bienes que solo les confieren estatus o que les generarán más gastos que beneficios económicos.

En menor medida, también le cabe a aquellos que, pese a contar con un buen ingreso, no logran consolidar ahorros y aseguran no saber en qué han gastado el dinero.

Los agujeros negros financieros generalmente son más perceptibles que los descubiertos por los astrónomos. Sucede que quienes derrochan el dinero prefieren no aceptar sus malas costumbres antes que abandonarlas.

Abonar el pago mínimo de la tarjeta de crédito, comprar ropa o electrodomésticos en cuotas y tener descubiertos bancarios implica hacer frente a intereses muy altos todos los meses, exactamente lo contrario de lo que aquí se recomienda: aprovechar las tasas de interés y ponerse del lado del prestamista (a través de un plazo fijo o de la compra de bonos o acciones) para ganar más dinero con los ahorros.

7. Pregunte siempre por descuentos y promociones

Las promociones –con las que las empresas intentan incrementar su volumen de ventas– son moneda corriente en nuestros días y no hay que desestimarlas; buscarlas en los diarios o Internet, prestar atención a los avisos en la vía pública y preguntar por ellas cuando se ingresa a un negocio debería ser una conducta habitual en cualquier consumidor que se precie de tal.

Lo mismo sucede con los descuentos, aunque en muchas ocasiones exceden los avisos en los medios de comunicación y las vidrieras.

Nadie debe sonrojarse por pedir una rebaja si realiza una compra importante y voluminosa. Hay que aprender a hacer valer el papel del consumidor y negociar el precio a pagar, siempre que la compra lo amerite.

Con frecuencia, el vendedor está interesado en conformar al cliente para lograr su fidelidad, y qué mejor que hacerlo ofreciéndole un descuento.

8. Sea ahorrativo, no tacaño

Ahorrar es un mandato y, como tal, debe seguirse con criterio y responsabilidad. Si bien se impone una conducta religiosa en el cuidado de nuestra salud financiera, lo dicho no implica caer en actitudes que generen rechazo y afecten las relaciones con los demás.

Por eso, aunque el concepto de ahorro pueda estar siempre presente, no debe invadir todos los momentos.

Quien piensa constantemente en reducir gastos en lugar de disfrutar ciertos placeres mundanos, termina sacrificando relaciones y situaciones agradables que difícilmente se repitan.

Por un lado, el tacaño genera rechazo en los demás, dado que traiciona el espíritu de compartir y obsequiar que define a las relaciones amistosas. Antepone el dinero a todo valor social y en diversas situaciones lo ubica en lo más alto de la escala, aun por encima de las personas.

Por el otro, mantiene un vínculo patológico con el dinero, dado que no llega al ahorro de forma natural, sino mediante esfuerzos que terminan por agotarlo.

Cree en el ahorro por el ahorro mismo, lo considera un fin y no un medio para tener una mejor vida en el futuro y suele pagar un costo alto por privilegiar precio por sobre calidad: generalmente compra barato y mal, y al poco tiempo debe volver a comprar.

Tips para optimizar
sus finanzas personales

1. Utilice planillas de Excel

La planilla de Excel le permitirá llevar una correcta con-
tabilidad de sus gastos, ingresos e inversiones. No importa
tanto cómo la confeccione, sino más bien qué datos incluya. En este sentido, nunca deben faltar:
   a) El detalle de los ingresos y sus orígenes.
   b) El detalle de los gastos fijos (aquellos que se realizan
      todos los meses) y de los excepcionales.
   c) El resultado o la renta de las inversiones, así sean pla-
      zos fijos, bonos o acciones.

2. Elabore estadísticas personales

Frecuentemente, se gasta mucha energía en trabajos ruti-
narios que reportan ingresos magros o menores de los espe-
rados, pero el temor al cambio lo retiene en ellos.
   Por eso es importante que lleve las estadísticas mensuales sobre los ingresos que genera y el tiempo que le demanda cada actividad.
   Pasados seis meses, ver reflejado en el papel el resultado
de una mala decisión lo ayudará a abandonarla, o a acelerar
la búsqueda de una alternativa más conveniente.
   Esas mismas estadísticas le permitirán calcular las variaciones que observan mes a mes sus ingresos y determinar
si responden a una tendencia creciente o decreciente, además de si progresan a mayor o menor ritmo que la inflación.
   Este último dato le permitirá encontrar fundamentos para
intentar elevar sus honorarios, en caso de que corresponda.

3. Sea medido con los gastos

Los ingresos se cuentan recién cuando se materializan; pero los gastos, en cambio, desde el momento en que se planifican. Cumpla a rajatabla esta norma y evitará sorpresas.

En el cuadro de gastos incluya tanto las deudas como las erogaciones planificadas. En el cuadro opuesto, contabilice solo los ingresos percibidos y evite sumar las acreencias o las ganancias proyectadas.

Siempre es preferible felicitarse por menores gastos o mayores ingresos que descubrir un agujero en su bolsillo.

4. Determine en qué cuadrante está y fíjese metas

Su flujo de ingresos puede provenir de su labor como empleado en relación de dependencia, como trabajador por cuenta propia, como empresario dueño de un negocio, como inversor o a partir de una combinación de estos cuadrantes.

Lo ideal para quien desee dedicarse a tareas que su trabajo no le permite o pretenda destinarle más horas o días al ocio es obtener una renta mensual que no demande demasiado esfuerzo.

Un buen ejercicio consiste en determinar qué porcentaje de ingresos proviene de cada cuadrante e intentar llevar ese porcentaje al último, el del inversor con una renta más o menos estable y superior a su volumen de gastos.

Si ahorra con disciplina por un tiempo y aprende a invertir el dinero acumulado verá cómo la balanza se inclina a su favor y podrá disfrutar de rentas crecientes que le permitirán ir abandonando paulatinamente las labores diarias para concentrarse en lo que más le gusta sin temor a no llegar con las cuentas.

5. Controle el consumo, aunque sin exagerar

Lo importante no es cuánto dinero se gana, sino qué cantidad de ese total queda en su poder.

Ante todo, deben controlarse las emociones consumistas, más aún cuando se trata de grandes gastos que poco tengan que ver con sus metas de bienestar económico.

Por eso, antes de desenfundar la tarjeta de crédito y comprometerse con gastos superfluos o ceder a caprichos onerosos, le conviene revisar la columna de ingresos y repasar la evolución de los ahorros, en especial los generados a partir de inversiones que no demandan trabajo.

Por supuesto, no debe caer en el extremo de negarse todos los gustos con el único objetivo de ahorrar dinero. Tampoco debe sufrir cada gasto como si fuera una pérdida. Vivimos en una sociedad orientada al consumo donde lo más recomendable para la mayoría es el equilibrio.

6. No se deje tentar por la facilidad para tomar deudas

"La entrada es gratis. La salida... vemos", dijo el músico Charly García. Y tranquilamente podría estar refiriéndose a las deudas personales.

Todos lo invitan a que se endeude a tasas usureras. El acceso a ese tipo de préstamos es sencillo, pero inversamente proporcional será la carga sobre sus finanzas.

Hoy, la política económica oficial apunta a fomentar el consumo a partir de varias herramientas. La multiplicación de los créditos personales es una de ellas.

No está mal que compre bienes y disfrute de servicios no siempre necesarios pero reconfortantes, como una buena cena en un restaurante. Es una forma de mantener la rueda de la economía girando. Pero también, de recalentar los precios a costa de placeres que se van convirtiendo en necesidades que difícilmente pueda satisfacer en el futuro si no ahorra.

Por otra parte, si ese mismo gobierno que alienta el consumo también ahorra (el nivel de las reservas del Banco Central es un ejemplo), ¿por qué no habría de imitarlo en ese aspecto?

Hay que hacerlo. Se debe ser medido en los gastos, aprender a comparar calidad y precio, y no solo acumulará dinero para inversiones, renta y consumo futuro; de esta manera, se evitará avalar una inflación en muchos casos amparada en una demanda ciega de productos que valen mucho menos de lo que su precio indica.

7. Corrija los errores de sus antepasados

Aun para quienes pertenezcan a una familia acaudalada, es conveniente repasar la relación de sus padres y abuelos con el dinero, y detectar aquellas conductas que podría modificar.

Para empezar, le recomendamos confeccionar un cuestionario simple y directo: ¿son o eran gastadores?, ¿son o eran extremadamente ahorrativos?, ¿le otorgan u otorgaban importancia al dinero?, ¿cómo ahorran o ahorraban?, ¿lo hacen o hacían endeudándose?; y en cuanto a las inversiones: ¿tradicionales o riesgosas?, ¿estudiadas o elegidas sin análisis profundos?

Muy probablemente encuentre más similitudes que diferencias con su propia conducta. Será una buena forma de detectar errores y corregirlos. Principalmente, cuando se trata de decisiones que responden a mandatos familiares equivocados desde un principio o que, debido al paso del tiempo y al cambio de la sociedad, ya no generan los mismos resultados.

8. Revise su concepción del dinero

Concebir al dinero como algo meramente físico, como parte tangible de lo que uno tiene y es, puede resultar muy perjudicial, dado que se experimentará cada gasto como una pérdida, aun cuando esté destinado a satisfacer una necesidad o cumplir un deseo postergado.

La mayoría de las personas que después de años, o incluso décadas, de invertir alcanzaron la independencia financiera entendieron el dinero como una herramienta, algo que debían utilizar para convertir las ideas buenas en rentables.

Con ánimo desprendido, destinaron tiempo y capital a su formación financiera, para luego encontrar oportunidades de inversión, sabiendo que se puede ganar o perder pero que las chances crecerán a la par del conocimiento.

Conozca entonces el dinero, establezca una nueva relación con él y sabrá sacarle provecho.

Tips para estimular el ocio productivo

1. Comprenda el significado de la palabra "ocio"

Se denomina "ocio" al tiempo libre que se emplea en actividades que no están vinculadas con el trabajo formal ni con las obligaciones familiares. Es un momento de recreación que nos permite despejar la mente del trabajo y otros deberes.

Pese a la claridad del concepto, el ocio no puede definirse a partir de actividades puntuales, dado que las que son optativas para unos pueden formar parte de las obligaciones cotidianas para otros, por ejemplo, cocinar, leer, viajar, asistir a espectáculos o, incluso, practicar deportes.

Cualquiera sea la actividad, lo importante para hablar de ocio es que resulte placentera, se realice por propia voluntad, y no en el marco del compromiso con un tercero.

2. Hágase las preguntas indicadas

La mayoría de la gente busca respuestas sin comprender que lo más importante es formular buenas preguntas.

Un caso típico es el del empleado estresado que sueña con reducir la presión sin disminuir las horas trabajadas para satisfacer a sus jefes. Otros ejemplos podrían ser el de la persona que acumula ahorros, pero sacrifica en su oficina las horas destinadas al descanso, o el de quien compra una casa enorme y solo está en ella durante la noche.

En resumen, ninguno se pregunta qué sentido tiene formar una familia, ganar dinero o acumular bienes si no se hace un tiempo para disfrutarlos.

Se debe reflexionar constantemente sobre la energía que se gasta en una jornada regular de trabajo y la importancia que se le otorga al tiempo libre, al relax y al ocio creativo, ese que permite descansar y a la vez ejercitar la mente para tener mejores ideas y ponerlas en práctica.

3. Deje de quejarse por la falta de tiempo

"Ando a las corridas", "no me alcanzan las horas", "estoy tapado de trabajo"… ¿cuántas veces recurre a estas excusas para rechazar invitaciones sin notar que con ellas no hace más que aceptar, naturalizar y priorizar la falta de tiempo por sobre eventos y proyectos más interesantes que los que proponen los demás?

Más allá de las presiones que todos soportamos, la reiteración de estas excusas las vuelve menos creíbles y las convierte en los lugares comunes donde caen quienes prefieren culpar al trabajo antes que reconocer su escasa voluntad para construir un futuro diferente.

La realidad marca que la falta de tiempo no es real y que la gente pierde horas y días enteros en actividades insignificantes o peleando por alcanzar objetivos que no le reportan felicidad, sino estatus.

Lo curioso es que uno de los motivos por el que la gente persigue objetivos menores se basa en el hecho de que el resto se comporta de la misma manera. Y lo cierto es que no basta con estar ocupado para realizarse como personas. La clave reside en el tipo de ocupación que se tenga y su relación con los proyectos personales.

4. Revise sus prioridades

Practicar el ocio productivo no siempre es sencillo: debe plantearse seriamente las ocupaciones diarias, el tiempo que le destina a la televisión, el que le dedica a los amigos, etcétera.

Es importante que encuentre las respuestas a estas preguntas clave: ¿qué uso hace de su creatividad?, ¿cómo la pone en práctica?, ¿está haciendo lo que quiere, o siente que un tercero está aprovechando su tiempo?

La regla indica, además, que toda persona que busque poner en práctica el ocio productivo debe reducir sensiblemente las horas dedicadas al trabajo. Nadie dice que sea fácil, pero tampoco es imposible.

5. Ignore los mandatos sociales

La sentencia "trabaja duro y conseguirás lo que quieras" es una de las más inexactas. Este tipo de frases de uso popular lleva a que mucha gente piense que el éxito solo se alcanza mediante largas jornadas laborales en servicio de intereses ajenos.

Desgraciadamente, la mayoría de los individuos eligen su carrera y su trabajo basándose en lo que la familia, la sociedad y las instituciones educativas les imponen. Estas decisiones no siempre generan satisfacción ni se vinculan necesariamente con las habilidades personales.

Por consiguiente, el mundo está repleto de personas muy hábiles para determinadas profesiones u oficios que han errado el camino y carecen de perspectivas favorables, sin saber que el éxito está a la vuelta de la esquina.

6. Las buenas ideas generan dinero

En el mundo de los negocios, las diferencias ideológicas entre los personajes más exitosos son amplias. Sin embargo, todos coinciden en que "las buenas ideas son las que generan dinero".

Disponer de tiempo para pensar es clave para que las ideas florezcan. Claro que no se podrá pensar si no se busca el escenario adecuado para hacerlo y no se aprende a tomar distancia de las preocupaciones cotidianas.

También es importante intercambiar opiniones con colegas y colaboradores, y escuchar o leer a los más experimentados.

Luego, habrá que animarse a llevar adelante esas ideas sin perder demasiado tiempo. Pero ese es otro cantar...

7. Evite el círculo vicioso "más gasto, más deuda, más trabajo"

Con frecuencia, en un intento por sentirse más afortunadas, las personas con trabajos que no las satisfacen terminan gastando más dinero que el que pueden ahorrar.

Muchas compran ropa de marca o comida cara como una manera de hacer terapia. Incluso hay quienes se endeudan para verse y mostrarse manejando un auto de lujo que no necesitan ni se condice con sus niveles de ingresos.

Los regalos terapéuticos pueden funcionar como un calmante temporario, pero hay que tener en claro que no solo no resuelven el problema, sino que lo profundizan, dado que añaden al malestar por el empleo un dolor de cabeza por las nuevas deudas que obligan a trabajar más para llegar a fin de mes sin aparecer en el Veraz (empresa que se dedica a la verificación crediticia de las personas en la Argentina).

La conclusión es simple: los bienes que poseemos nunca pueden dar significado a nuestra vida. A lo sumo, podrán ayudarnos a disfrutarla y a concretar nuestras metas.

8. No confunda ocio con pereza

Otro de los aspectos fundamentales del problema consiste en resaltar las diferencias que existen entre el ocio y la pereza.

En base al sentido común se cometen muchas equivocaciones. Una de ellas es considerar a la pereza un sinónimo del ocio, cuando en realidad se trata de un término de significado casi opuesto.

Mientras que el ocio puede ser creativo y productivo, la pereza es improductiva y llama al desgano o la inacción.

La buena vida contemplativa no consiste en hacer nada, sino en dedicar el tiempo a la actividad más elevada, bella y profunda: pensar.

Si algo distingue al ser humano de los animales es su capacidad de razonar. No la ignoremos.

Tips financieros para las vacaciones

1. Cambie los pesos antes de viajar al exterior

La improvisación se paga y mucho más en vacaciones. Si viaja al exterior sin los dólares comprados en una casa de cambio, puede perder entre un 10 y un 20% de su dinero según dónde decida vender sus pesos.

Siempre será más conveniente tomarse el tiempo necesario para buscar la mejor cotización en el centro o vía Internet que pasarse a "verdes" recién en el aeropuerto o en el país de destino.

Iniciar las vacaciones perdiendo un 20% del presupuesto no equivale, precisamente, a comenzarlas con el pie derecho.

2. Administre el dinero con cuidado

Pautar un presupuesto es clave. Debe determinar cuánto dinero tiene para gastar durante la estadía y dividirlo de manera que ningún día le falte.

También es importante separar desde el comienzo del viaje una parte del dinero para los obsequios y souvenirs, y fijar un límite de gasto en los primeros días de viaje, dado que las novedades lo pueden deslumbrar y, en su afán consumista, puede terminar derrochando el presupuesto en artículos o servicios que probablemente no hubiera adquirido.

Es más conveniente llegar a los últimos días con dinero para comprar lo mejor de lo que dejamos pasar durante las primeras jornadas, que sin plata en el bolsillo y con la calculadora en la mano.

3. Utilice los cheques de viajero

Los cheques de viajero son documentos que permiten susti-
tuir la tarjeta de crédito o el efectivo en el extranjero. Con
ellos se evita el pago de comisiones por cambio de divisas
y se eliminan los riesgos de llevar una cantidad elevada de
dinero encima y perderla por un descuido o un robo.

Además del seguro contra robo o extravío, cuentan con
un servicio internacional de reembolso.

Su uso es creciente, por lo que en muchas ocasiones no
hace falta cambiarlos en un banco: los aceptan cada vez más
en hoteles, bares, tiendas y restaurantes.

4. Averigüe los costos de la tarjeta de crédito antes de utilizarla

Recurrir a la tarjeta de crédito en el exterior, ya sea para compras como para el retiro de efectivo en cajeros automáticos,
puede generar costos adicionales que no tenga previstos.

Estos valores cambian sensiblemente en función del
tipo de tarjeta y de la clase de cuenta bancaria que posea,
por lo cual conviene consultar los costos en el banco antes
de utilizar la tarjeta o, incluso, de solicitarla.

5. Conserve una red financiera de emergencia

Hombre precavido vale por dos, más aún si sabe que en la
Argentina existen distintas compañías financieras dedicadas a enviar dinero al extranjero.

El dato puede resultar de suma utilidad en caso de que
se quede sin recursos durante las vacaciones.

Por eso, antes de viajar conviene averiguar qué empresas ofrecen el servicio y dónde tienen sus sucursales, para

dejarle el detalle a una o más personas cercanas que serán las encargadas de enviar un "refuerzo" si fuese necesario.

6. No se endeude para viajar

El consumismo que promueve la sociedad, donde la acumulación de riqueza es vista no como un seguro para el bienestar personal y el desarrollo de proyectos personales, sino como un camino hacia la felicidad y la superioridad frente a los otros, busca imponernos gastos superfluos.

Así hay quienes ceden a los mandatos del estatus y recurren a préstamos o promociones que a partir de cómodas pero altísimas cuotas les permiten viajar adonde de otro modo no hubieran podido hacerlo, a cambio de seguir pagando durante largo tiempo el viaje de placer, que se terminará transformando en años de privaciones.

Definitivamente, endeudarse para salir de vacaciones y veranear de acuerdo con ingresos que no se poseen no es una buena idea. Mejor es "vivir con lo propio" y planificar un descanso que se ajuste a su capacidad de ahorro.

7. Planifique con tiempo las vacaciones

Planificar el descanso con antelación puede beneficiarlo si está atento a los importantes descuentos a los que puede acceder, no solo en la compra de pasajes, sino también en la reserva de habitaciones.

Y si se anima a viajar en días festivos, probablemente obtendrá los mejores boletos al mejor precio posible.

8. Estudie a fondo los paquetes armados

Existe un falso mito que dice que los paquetes armados (que incluyen pasajes, estadía, traslados y excursiones) resultan más económicos que la contratación de cada servicio por separado.

Sin embargo, contactar a las oficinas de turismo del lugar de destino puede resultar mucho más conveniente, dado que allí sabrán detallarle las mejores ofertas y el abanico de actividades y excursiones disponibles, con sus descuentos y promociones.

La opción "hágalo usted mismo" le permitirá, además, manejar sus tiempos y vincularse más con los lugareños.

En resumen, cuide su bolsillo, dese los gustos y ¡felices vacaciones!

Tips para vivir de rentas

1. Redefina los conceptos de riesgo y estabilidad

¿Qué es más riesgoso, trabajar en relación de dependencia o por cuenta propia? Si se respondiera desde el sentido común, no cabrían dudas: trabajar por cuenta propia es más riesgoso desde el momento en que no tenemos asegurado un ingreso fijo a fin de mes.

No obstante, hay que tener en cuenta que los tiempos del empleo "para toda la vida" han terminado y también los sueldos del padre de familia que permitían solventar los gastos de toda la familia.

Si a eso se le suma las recurrentes crisis económicas, que plantean serias dificultades para encontrar empleo, difícilmente se pueda ser tan tajante en la elección.

Por otra parte, la comodidad del trabajo en relación de dependencia suele generar un vicio muy poco saludable: el estancamiento profesional, que terminará por dejarlo a uno en la calle cuando la tarea que usted realice sea perfeccionada por jóvenes estudiantes o, incluso, por máquinas o programas de computación.

Trabajar por cuenta propia tiene sus riesgos y demanda muchas veces mayores sacrificios, pero la regla indica que quien sabe esforzarse al principio de su carrera, captar lo que demanda el mercado, ofrecer servicios de calidad, adaptarse a los nuevos tiempos e incorporar siempre nuevos conocimientos podrá triunfar al aceptar desafíos cada vez más interesantes y regular las horas destinadas al trabajo, para dedicarse también a la inversión de los ahorros.

2. Evalúe la ecuación ideas + tiempo = dinero

Se sabe, ninguna frase o afirmación admite una única interpretación. Por eso, aquella famosa sentencia de que el tiempo es oro puede ser interpretada de diversas maneras, aunque no todas acertadas.

Por ejemplo, si solo acepta trabajar a cambio de dinero, si en lo único que piensa es cuánto ganará por cada hora trabajada, solamente estará generando límites a sus proyecciones financieras.

Si, por el contrario, la idea desde un comienzo es trabajar para satisfacer las necesidades ajenas, para ofrecer los bienes o servicios que demanda la sociedad, probablemente a la larga sobren los clientes dispuestos a pagarle bien.

Las ideas egoístas o conformistas crean obstáculos. Las buenas ideas, esas que contemplan las necesidades ajenas, abren el camino hacia el éxito financiero. Paradójicamente, no hay que estar con la mente puesta todo el tiempo en el dinero para lograrlo.

3. Piénselo bien: ¿quién gana con el esquema del sueldo?

Desde el punto de vista económico, la expansión de Roma tuvo una razón fundamental: se les pagaba a los guerreros que luchaban por conquistar territorios para el Imperio.

De allí el origen del término "soldado", que hacía referencia al sueldo que recibían los guerreros en las sólidas monedas de oro romanas.

Ahora bien, ¿quién ganó con ese sistema de pago?, ¿el soldado que arriesgó su vida en nombre del Imperio, o este, que se expandió repartiendo entre los guerreros apenas una parte las ganancias que le reportaban las victorias?

Actualmente, la mentalidad de soldado lo ata a proyectos ajenos y le impide crecer con independencia en el área que sea de su interés.

En el mundo de las finanzas personales, el problema se repite y quien se apega a un sueldo abandona la posibilidad de generar ideas que se transformen en rentas y permitan conjugar en el largo plazo el éxito profesional con la libertad financiera.

4. Genere tiempo de ocio

El ocio está muy mal visto en el sistema capitalista. La moral del trabajo exige que se le destinen miles de horas al año al empleo rutinario para que alguien sea considerado responsable por la sociedad.

Sin embargo, ese no es el camino que siguieron quienes generaron las grandes ideas. Ni siquiera, el que adoptaron los creadores de las pequeñas ideas, pero igualmente fructíferas. Ellos supieron hacerse un tiempo para pensar, para dar rienda suelta a la imaginación y para separar lo importante de lo cotidiano.

Las mejores ideas surgen a partir del esfuerzo mental, que no es posible sin tiempo de ocio, tiempo para pensar y reflexionar sobre los problemas propios y ajenos.

Nos referimos al ya mencionado ocio creativo, ese que no aparecerá si se dedica únicamente a "apagar incendios" en la oficina.

5. Busque socios y asesores

Trabajar en forma independiente no significa hacerlo en soledad. Para estar siempre bien orientado y poder evaluar los resultados con objetividad, es conveniente que cuente con socios que enriquezcan sus ideas y aporten otras propias.

Resulta clave, también, conseguir buenos asesores: abogados, contadores e, incluso, expertos financieros que lo ayuden a invertir con eficiencia el capital generado por el trabajo.

6. Valore más los flujos que el capital

"El plazo exacto para un buen negocio es: para siempre." Esta genial frase de Warren Buffett constituye el punto al que queremos llegar en este tip.

Si puede colocar dinero a una tasa de interés alta y bajo riesgo, lo mejor que le puede pasar es que el plazo no venza jamás, de modo de que se asegure una buena renta de por vida.

En el mundo financiero, hay muchos inversores desesperados por lograr altísimas rentabilidades de corto plazo que son capaces de descartar muy buenas alternativas de largo plazo.

Lo logren o no, lo cierto es que en poco tiempo tendrán nuevamente en sus manos el capital y habrán dejado pasar la oportunidad de realizar una inversión rentable de años y hasta de décadas.

La ambición es sana, siempre que no supere ciertos límites...

7. Adquiera conocimientos y conviértase en un buen inversor

Estos son los caminos más seguidos por los inversores para vivir de rentas:

Mundo financiero: se vincula con la inversión en acciones de empresas, bonos públicos y corporativos, fondos cotizados (ETF), opciones financieras y fideicomisos. Toda persona que pretenda conocer este complejo pero interesante, atractivo y divertido universo financiero deberá comenzar por comprender el funcionamiento de cada área para luego invertir una parte muy pequeña de su capital en la que más le guste. A medida que vaya tomando confianza, podrá ir incrementando la inversión.

Real state: está relacionado con la compra de propiedades para alquiler o venta. En este caso, hablamos de un recurso muy utilizado por los argentinos, donde el capital invertido se mueve con mayor lentitud (uno no puede comprar y vender a diario) y donde no siempre se deben esperar importantes ganancias, dado que el riesgo de la inversión suele ser muy acotado. Quizá la alta demanda de propiedades para inversión explique los precios tan altos en relación con los salarios. Sin embargo, siempre hay oportunidades para quien sabe buscar. Entre ellas se destacan las compras de departamentos desde el pozo en zonas con alto potencial y las de inmuebles cuyos dueños están apurados por vender o dispuestos a aceptar precios muy inferiores al que indica el cartel.

Franquicias: se trata de crear negocios rentables que además permitan otorgar franquicias a terceros, quienes deberán pagar un derecho por comercializar el producto o utilizar la marca. Cuando escucha la palabra "franquicia", la mayoría de los inversores piensa en poner locales de marcas ya existentes en lugar de buscar los nichos de mercado poco explorados o aún no explotados para crear una franquicia nueva. Cambiar esa mentalidad puede traducirse en grandes ganancias, que no son otra cosa que grandes ideas.

Royalties: son los derechos de cobro que posee, por ejemplo, el autor de un libro o un tema musical. También, quien vende un espacio de publicidad en un blog o una página web. Muchas veces se trata de ingresos menores pero periódicos que, con el tiempo (y con la acumulación de distintos derechos), pueden conformar un muy buen ingreso.

8. No eluda los compromisos sociales

Lograr la independencia financiera a partir de las oportunidades de renta que ofrece el mercado pierde sentido si al llegar a la meta las buenas ideas que vayan emergiendo no tienen al prójimo como principal destinatario.

Es lo que se ve, por ejemplo, en las acciones solidarias que llevan adelante el ya mencionado Warren Buffett y su amigo Bill Gates. La opción por la filantropía en ellos no es casual. Tal vez en un principio el desafío fue demostrarse que podían ser exitosos en lo suyo y revolucionar los conocimientos en sus áreas de interés, pero ahora claramente también han puesto el foco en ayudar al resto a progresar, a cambiar la mentalidad y a evitar o salir de la pobreza.

¿Acaso no hay mayor satisfacción que mejorar con nuestras acciones la situación de quienes lo necesitan? Incluso quienes no quieran abandonar la postura egoísta pueden encontrar argumentos para hacerlo: todo acto solidario, por más pequeño que sea, establece un vínculo positivo conocido en inglés como *win-win*, donde las dos partes ganan, unas por cambiar para mejor la realidad ajena y sintiéndose útiles y agradecidas, y otras por lograr mayor bienestar en sus vidas.

Sin filantropía no hay riqueza monetaria que valga la pena.

Tips para triunfar en la Bolsa

1. Aprenda a estar líquido

Increíblemente, se trata de uno de los mayores desafíos que debe afrontar el inversor medio, a quien la ambición por ganar dinero en forma constante lo lleva a estar siempre "comprado"; es decir, a tener su capital siempre invertido en activos que pueden subir de precio en cualquier momento, o bajar…

En el mundo de las acciones, la lógica del comprado se refleja en infinitos casos: ¡cuán difícil les resulta a muchísimos inversores aceptar que otros ganen con tal o cual suba, mientras ellos analizan desde afuera el mercado!

Deberán tomar conciencia de que estando líquidos, con el dinero en la mano, podrán estudiar con mayor frialdad los movimientos de los papeles e invertir con mejor *timing*, y evitar, de esta manera, compras apresuradas.

Los precios de las acciones y otros activos financieros suben y bajan a diario. Por lo tanto, el momento de compra es clave para realizar una buena inversión.

2. Domine la codicia: sepa tomar ganancias

Dice un viejo refrán: "Comprar es fácil. Lo más difícil en el mercado es saber cuándo vender". Coincidimos en lo esencial. Según nuestra mirada, comprar un buen activo no es tan fácil, pero sin duda es mucho más difícil tomar la decisión de deshacerse de él.

La ambición, convertida en codicia, vuelve a jugar un papel fundamental. Suele suceder que quien ve que su activo viene subiendo de precio, no se plantea vender, dado que considera que el movimiento natural es el alza y que más adelante podrá desprenderse de su inversión a un mejor precio.

En el mercado, contrariamente a lo que ocurre como regla en las vidrieras de los comercios, cuanto más suba una acción más atractiva se volverá y más inversores querrán tenerla en su cartera para poder sumarse a la ola ganadora.

Justamente en ese momento es cuando quienes conocen el paño recomiendan vender. Cuando los inversores están ansiosos por comprar y aceptan pagar cualquier precio.

"Hay que vender cuando todos compran, y comprar cuando todos venden." Así podría resumirse la primera de las máximas de Warren Buffett, el multimillonario estadounidense que supo amasar su enorme fortuna invirtiendo en los mercados financieros.

En caso de vender con ganancias leves, moderadas o importantes, lo único que tendrá que lamentar, quizás, es el abandono temprano de la apuesta, siempre que la acción no detenga la marcha después de su venta. Pero si la suba se convierte en baja, no dude que lamentará más no haber vendido a tiempo. Nadie se volvió pobre por ganar poco…

3. Evite el pánico

Quien observe mediante gráficos de largo plazo los movimientos de un mercado o de un índice de acciones sabrá encontrar un dato sociológico muy interesante: las caídas en tiempos de pánico son mucho más pronunciadas que las subas precedentes.

Esos movimientos nos hablan del poder de contagio que tiene el miedo, de esa costumbre de seguir la manada y sumarse a una huida pese a que se desconozcan los motivos o se los conozca, pero se imagina exagerado el temor.

Es cierto que en el mundo bursátil no es recomendable ponerle el pecho a las balas: si la tendencia es marcadamente bajista, no hay por qué mantener una acción que, aunque sea buena, caerá junto con el resto hasta que comiencen a superarse los temores.

De todos modos, el pánico es muy mal consejero. Lo saben quienes vendieron a precios de remate papeles de empresas bien administradas o con un futuro de crecimiento por delante. También, quienes en 2008 se desprendieron de sus bonos argentinos a valores irrisorios por hacer caso a los presagios de un nuevo *default* e ignorar la estabilidad de la economía y los ingentes recursos con que contaba el Estado para pagar la deuda.

Una estrategia simple para evitar jugadas tan equivocadas consiste en aplicar el *stop loss* al operar. Esto es, la estrategia de fijar un valor de venta para el activo que compramos en caso de que baje su precio.

La herramienta del *stop loss* se pone en práctica de la siguiente manera: al momento de comprar una acción a un precio X (10 pesos, supongamos), decide fijar en un 10% su límite de pérdida, razón por la cual, si la acción toca los 9 pesos, será vendida.

Por supuesto, la estrategia puede fallar y esa misma acción, una vez que usted se ha desprendido de ella, puede subir a 12 pesos. No es posible conocer el comportamiento futuro de la acción al momento de venderla. De lo que sí estará seguro es que su pérdida no será superior al 10%.

Es más, el *stop loss* puede servir para asegurar ganancias. Si lo aplica en su versión móvil, sabrá ir corriendo hacia arriba el precio de venta, siempre que el activo siga ese camino.

Aquí tiene un ejemplo: compra su acción a 10 pesos y fija el *stop loss* en 9, pero si la acción sube a 11, podrá correr el *stop loss* hasta 10. Imagine que la acción trepa a 12: al fijar el *stop loss* en 11 se habrá asegurado una ganancia del 10% en caso de que la acción comience a caer.

4. No se enamore de las acciones

Una conducta típica de los inversores –en especial de quienes participan con entusiasmo en los foros bursátiles– consiste en ponerse la camiseta de las empresas cuyas acciones tiene en su cartera.

Lo que les suele suceder a estos enamorados es que pierden de vista la posibilidad de que sus títulos se desvaloricen, dado que adoptan un sesgo alcista tan marcado que los lleva a pronosticar eternas subas para sus acciones, aun cuando la realidad les marque lo contrario.

La conducta más aconsejable es siempre mantener una mirada reflexiva y crítica tanto de la situación que atraviesa la empresa cuyas acciones hemos elegido comprar como de las decisiones que toman sus directivos.

Por supuesto, será necesario realizar un buen análisis antes de comprar. Adquirir acciones de una empresa que desde un primer momento no lo convence demasiado (ya sea por su management, por el sector económico donde se desempeña o por los países donde desarrolla su actividad) equivale a iniciar una relación que muy probablemente generará dolores de cabeza.

Aun así, hay quienes se enamoran de empresas riesgosas. Masoquismo financiero, que le dicen…

5. Deje el orgullo de lado

El necio muchas veces no acepta consejos de cambio porque implican autocrítica.

En el mercado, la necedad es marca registrada y son miles quienes prefieren ponerle el pecho a las balas antes que reconocer la fuerza superior de las tendencias y dejarse llevar hasta que los indicadores anticipen un posible cambio en el sentido de la corriente.

Todos podemos equivocarnos al elegir un activo y nadie debe sentirse herido si los demás le advierten un posible error de lectura.

En un escenario de derrumbe de precios, quien no acepte críticas ni observaciones terminará siendo uno de los últimos en abandonar el barco. El agua le habrá llegado al cuello y no tendrá bote al que subirse ni salvavidas para flotar. El mercado no necesita héroes…

6. Conozca sus limitaciones

Cada inversor debe dedicar tiempo y esfuerzo a encontrar su nivel de confort.

Hay quienes invierten en la Bolsa solo una parte de su capital, saben celebrar las ganancias y no sufren demasiado las pérdidas.

Otros prefieren apostar muy poco dinero, dado que la volatilidad de los precios les genera preocupaciones que no pueden superar, y a cada momento están mirando la pantalla para revisar las cotizaciones de sus títulos.

Por último, están los inversores que lo juegan todo, con mayor o menor responsabilidad.

Lo ideal para conocerse a uno mismo es comenzar invirtiendo de a poco, a la vez que se practica en los simuladores bursátiles disponibles en Internet. De esta forma, sabrá detectar su zona de confort, ese lugar donde se siente más cómodo invirtiendo, donde las apuestas son desafíos divertidos, no un drama que puede otorgar ganancias, pero a la vez afectar la salud.

7. Evite las emociones fuertes

Salvo excepciones, los sentimientos extremos no son recomendables. Mucho menos, si aparecen a diario.

Se dice que el mercado tiene facilidad para comportarse de forma maníaco-depresiva: puede pasar del pánico por el supuesto fin del mundo a la euforia ante subas que prometen nunca acabar, para luego retornar a la depresión del derrumbe de precios.

Esos movimientos violentos pueden generar inestabilidad emocional en el inversor, que se convierte en presa fácil no solo de sus miedos, sino también de la voracidad de los grandes jugadores del mercado, que en los derrumbes infunden el terror mientras compran de a poco y a valores irrisorios los activos que otros venden temerosos.

Para tomar conciencia de que el mercado se mueve entre extremos y que ninguna suba ni baja es eterna, bien vale recordar dos dichos populares: "siempre que llovió paró" y "el momento más oscuro de la noche se produce justo antes del amanecer".

Repetimos: a menos que sea un inversor de largo plazo interesado en mantener acciones de empresas sólidas e innovadoras que pagan buenos dividendos todos los años, sepa ir tomando ganancias cuando sus papeles cotizan en alza y asumiendo pérdidas, y aplicar el *stop loss* si se producen caídas inesperadas. De esta forma, las emociones fuertes quedarán para los demás.

8. Aplique el esquema de las tres "p"

Quienes habitualmente transitan los pasillos bursátiles lo saben: para triunfar en el mercado hay que tener plata, paciencia y... *coraje* (usted entiende).

Si no puede tolerar una pérdida momentánea a raíz de una caída de precios en el mercado, si no logra acostumbrarse a las variaciones diarias de precios ni acepta la posibilidad de equivocarse en sus pronósticos, no debe operar en la Bolsa. Tampoco debe hacerlo si lo que busca es obtener una ganancia rápida y enorme, que duplique su capital en cuestión de días.

Para quienes no estén acostumbrados a invertir pero sepan que la ansiedad y el miedo pueden jugarles en contra, lo mejor es que cuenten con un *coach* financiero que los ayuden a controlar sus emociones, a comprender que los movimientos de precios son normales en el mercado y que ninguna ganancia o pérdida estará realizada hasta que se haya concretado la venta de los activos en cartera.

Cuántas veces hemos visto a un inversor celebrar la suba pronunciada de una acción, pero no venderla esperando que su precio llegue a las nubes. Estará festejando por anticipado: un día la acción caerá y terminará vendiendo desesperado ante el temor de perder todo su capital.

Sin paciencia no sabrá esperar la suba de esa acción que sabe que es buena pues la empresa emisora está bien administrada y tiene muchos negocios por delante. Sin coraje no sabrá mantener una acción aun cuando una caída eventual desvalorice su cartera, ni venderla con ganancias cuando otros pronostiquen un alza eterna de su precio. Y sin paciencia ni coraje difícilmente gane plata.

CAPÍTULO 3

¿USTED POSEE DINERO O EL DINERO LO POSEE A USTED?

El dinero es como un dios: aunque no lo notemos, siempre está. Determina nuestra relación con los demás y puede convertirse en una influencia negativa si desconocemos su papel en la sociedad o, por el contrario, lo ubicamos por encima de todo. Sea transparente al hablar de dinero –en especial, con sus afectos– y lleve una vida financieramente ordenada. Así el "metal" dejará de ser "vil" y se convertirá en una herramienta válida para vivir en sociedad.

Tips de autoayuda financiera

1. La riqueza parte de un estado mental

Para el *coaching* financiero, a la riqueza se llega a partir de un estado mental que la permita. Así como si se cree en el amor, se tendrá amor; si se cree en la riqueza, se conseguirá riqueza.

Se trata de la forma como se piensa. Toda persona tiene la capacidad de cambiar su relación y su diálogo interno con el dinero.

Quien arma un escándalo o se siente infeliz porque no tiene dinero suficiente, lo que hace es activar en su interior un pensamiento totalmente distinto del deseo, porque no se puede desear más dinero y al mismo tiempo enfocarse en que no se tiene lo suficiente.

Muchas personas luchan incansablemente por el éxito financiero. Desean tener una casa grande y un negocio que funcione bien, pero olvidan su mayor deseo: ser felices.

La riqueza material no alimentará su dicha si antes no la busca en su interior y no logra sentirse en paz con usted mismo. En el libro *El secreto*, de Rhonda Byrne, se abordan estas ideas. Recomendamos leerlo.

2. Diferencie los buenos de los malos consejos

Este tema, en el nivel de las finanzas, aparece muy bien tratado en el libro *Padre rico, padre pobre*, de Robert Kiyosaki. Podríamos sintetizar su pensamiento de la siguiente manera:

Padre pobre: "Estudia mucho así estarás capacitado para encontrar una buena empresa donde trabajar".

Padre rico: "Estudia mucho así estarás capacitado para encontrar una buena empresa para comprar".

Padre pobre: "La razón por la que no soy rico es porque los tengo a ustedes, hijos".

Padre rico: "La razón por la que debo ser rico es porque los tengo a ustedes, hijos".

Padre pobre: "Cuando se trate de temas de dinero, apunta a lo más seguro, no corras riesgos".

Padre rico: "Cuando se trate de temas de dinero, no esquives el riesgo, aprende a manejarlo".

Padre pobre: "Te enseñaré a armar un buen Currículum Vitae para que encuentres un buen trabajo en una empresa que te brinde seguridad laboral".

Padre rico: "Te enseñaré a armar un buen plan de negocios para que puedas generar trabajo para otras personas".

3. Sea temeroso cuando los otros son codiciosos, y viceversa

Warren Buffett, un inversionista que se ha destacado por sus grandes aciertos financieros, su fortuna y sus acciones filantrópicas, es el autor de la famosa frase "sea temeroso cuando los otros son codiciosos, y codicioso cuando los otros son temerosos".

No está de más decir que Buffett puso el lema en práctica con excelentes resultados: supo vender los activos financieros más codiciados en tiempos de burbujas financieras y comprar los que nadie quería cuando el pánico se apoderaba de la multitud.

De hecho, si se analiza con detenimiento la biografía de muchas de las personas que figuran entre las más ricas del mundo se hallará un denominador común: hicieron su primer millón en épocas de crisis, comprando bienes (propiedades, empresas u otros activos) que los demás, cegados por el miedo, vendían a precio de remate.

Es que en los mercados financieros se da, en incontables ocasiones, un fenómeno inverso al que prevalece en las vidrieras: cuanto más sube un activo (acción, ETF, divisa, etc.), más atractivo se vuelve. Lo que impera es el movimiento: si vemos que subió ayer y que sube hoy, tenderemos a creer que subirá mañana, aunque no encontremos razones de peso que sustenten el alza.

En este sentido, vale recordar otra frase de esta escuela que sabe captar cuando la corriente solo lleva a la cascada: "Los árboles no crecen hasta el cielo".

4. Rechace la mentalidad de deudor

Los siete niveles de inversor es un pequeño *e-book* (libro electrónico o digital) escrito por John R. Burley que ubica en el primero y más básico de los niveles a quienes poseen mentalidad de deudores.

Se trata de personas que resuelven sus problemas financieros pidiendo dinero prestado. Su concepción de planificación financiera se resume en "pedirle a Juan para pagarle a Pedro". Las palabras "cuotas fijas", "créditos a sola firma", "tasas bajas" siempre llaman su atención y la compra a crédito de cosas que no necesitan es su ejercicio favorito. "Yo me lo merezco", "trabajo duro para darme los gustos" o "está de oferta" son los argumentos más utilizados por este tipo de personas. Muchas, incluso, apelan al gasto para combatir el creciente disconformismo con la vida que llevan: gastan, se deprimen y gastan más.

Abandonar la mentalidad de deudor significa comprar solo lo que se necesita comprar y ahorrar para poder afrontar otras obligaciones presentes o futuras. El principal error que cometen las personas con mentalidad de deudor es equivocar el eje del problema: no es la falta de ingreso, sino el comportamiento desmedido con el dinero en mano.

5. Conviértase en inversor, no en especulador

Benjamin Graham escribió uno de los mejores libros que se pueden leer sobre finanzas: *El inversor inteligente*. En él establece una clara diferencia entre los especuladores y los inversores, donde los primeros no tienen margen de error en sus inversiones: o aciertan o se equivocan, o ganan dinero en poco tiempo o lo pierden.

Las operaciones que realizan los especuladores involucran plazos que van de unos pocos minutos a un año, y las investigaciones previas que realizan se guían por técnicas de movimiento antes que por fundamentos económicos o financieros.

Los inversores, en cambio, se sienten dueños de una parte de las empresas cuyas acciones adquieren. Sus ingresos provienen exclusivamente de los negocios de esas empresas, ya sea a partir de la distribución de dividendos por las ganancias de las compañías o de la suba del precio de las acciones derivada del mayor valor de las firmas.

Para los inversores, la Bolsa no es un juego de suma cero donde gana quien acierta el movimiento y pierde el que opera en sentido inverso. La Bolsa es la oportunidad de ser dueños en parte de empresas con buenas proyecciones y buenos negocios.

6. Comprenda cuáles son los cuadrantes que originan sus ingresos

El cuadrante del flujo del dinero es otro best seller del ya mencionado Robert Kiyosaki. En ese cuadrante el autor describe cuatro tipos ideales de personas: el empleado, el autoempleado, el dueño de un negocio y el inversor.

El empleado es aquel que trabaja en relación de dependencia y cuyos ingresos equivalen al sueldo que le paga el empleador.

El autoempleado es quien vende sus servicios a distintas personas o empresas y cobra por hora, por trabajo, etcétera.

El dueño de un negocio puede poseer desde un kiosco hasta una empresa, y se caracteriza por dedicar todos sus días a la atención de clientes, la marcha de los contratos, entre otras tareas.

Finalmente, el inversor es aquel que cobra una renta con cierta regularidad a partir de una inversión que no le exige trabajar.

Desde el punto de vista de Kiyosaki, toda persona que pretenda lograr la independencia financiera debe apuntar al último cuadrante, de manera de asegurarse ingresos trabajando menos para otros.

Para elevar la participación del cuadrante del inversor sobre el total de los ingresos percibidos, es necesario adquirir cultura financiera y comenzar a conocer la lógica de los mercados, las reglas que los rigen y las herramientas que pueden ayudarnos a predecir sus comportamientos.

7. Reconozca sus temores y esfuércese por superarlos

Ya lo hemos dicho: el miedo a perder dinero es algo que toda persona puede experimentar en su vida. En su libro *Piense y hágase rico*, Napoleón Hill advierte que el temor a caer en la pobreza puede paralizarnos y hacernos perder grandes oportunidades de inversión.

Personalmente, conozco gente que quedó tan traumada con la crisis argentina de 2001 que demoró casi una década en sacar sus dólares "del colchón" para cambiarlos a pesos e invertirlos en otros activos. Durante el tiempo que les ganó el miedo, sus ahorros perdieron muchísimo poder de compra a raíz de la inflación y la estabilidad del tipo de cambio.

8. Desafíe los lugares comunes con respecto a su relación con el trabajo

Ernie Zelinski es el autor de *El éxito de los perezosos*, donde cuestiona aquel consejo que llama a trabajar duro para conseguir lo que se desea en la vida.

Para Zelinski, nada podría distar más de la realidad. Al menos en el mundo occidental, muchas personas pasan la mayor parte de sus días trabajando y a lo sumo logran adquirir un buen auto y una silla más cómoda donde pasar sus últimos años como empleados.

Sin duda, se trata de un lugar tan común como equivocado. El trabajo esforzado, que obliga a robarle horas al ocio o a las actividades que uno quisiera hacer para sentirse dichoso, suele ser recomendado por quienes viven de nuestro sudor, y germina en esa mayoría temerosa que no tiene el suficiente coraje como para hacer lo que realmente disfruta.

Desafiar esta "zona de confort" es el primer paso para lograr independencia financiera y disfrutar más de la vida.

Tips de *coaching* financiero

1. Cuestione los modelos tradicionales

La aplicación del *coaching* a las finanzas implica cuestionar los modos tradicionales de percibir el mundo de las inversiones. En términos generales, obliga a distanciarse de los patrones habituales de pensamiento y conducta para observarlos y analizarlos a la manera de un extranjero que se sorprende ante las extrañas costumbres del país que visita.

Para lograrlo, debe abandonar la "zona de confort" donde se encuentra y reemplazar las formas de actuar que conoce por otras aún no exploradas, pero más acordes con sus inquietudes.

En términos financieros, la zona de confort equivaldría a minimizar riesgos y depositar el dinero en una caja de ahorro o invertirlo en un plazo fijo, aun sabiendo que, a raíz de la inflación, se perderá poder de compra.

Abandonar esa zona lo conduciría a caminos mucho más interesantes, donde abundan las alternativas para escapar a la lógica del "arriesgo poco aunque pierdo seguro".

Allí, ámbitos como la Bolsa dejan de ser vistos como un casino donde solo el azar determinará nuestra suerte o en el cual solamente pueden ganar los profesionales de las finanzas.

2. Opere según el modelo Ser-Hacer-Tener

El *coaching* ontológico –una disciplina que apunta a desarrollar la creatividad y la capacidad de aprendizaje para estar siempre abiertos al cambio– se basa en un modelo teórico definido como Ser-Hacer-Tener: según lo que sea es lo que hace, y según lo que hace es lo que tiene. O dicho de otro modo: actúa de acuerdo con como es, y lo que tiene es producto de su forma de actuar.

Lo que es deriva de su manera de analizar la realidad. En base a esa concepción del mundo, realiza observaciones. Y a partir de ellas, llega a conclusiones que le permiten actuar de un modo determinado y obtener (o no) lo que desea.

Para obtener lo deseado en el mundo financiero debe convertirse en un ser que cree firmemente que es posible realizar buenas inversiones. Pero ese ser no se modifica simplemente a partir del pensamiento. La práctica también es constitutiva del nuevo ser. En consecuencia, debe explorar ese mundo desconocido para facilitar el cambio que está buscando.

"No solo actuamos de acuerdo con como somos. También somos de acuerdo con como actuamos. La acción genera ser", dice Rafael Echeverría.

De esta forma, solo podrá adentrase en el mundo financiero si se decide a conocer las herramientas a que se encuentran a su disposición y verifica a partir de otras experiencias que realizar buenas inversiones es posible.

3. Identifique su brecha de efectividad

El modelo teórico del *coaching* ontológico también puede ser descrito como Observar-Actuar-Obtener. En función de lo que observa, actúa, y esa acción siempre genera resultados. Esos resultados pueden ser o no los deseados, pero siempre llegará a algún tipo de resultado.

Ejemplo de un modo de actuar que termina resultando insatisfactorio: todos los meses se dice "tengo que ahorrar", pero cuando llega el momento de hacerlo, realiza gastos que en el momento considera urgentes, aunque en rigor no lo sean.

En este caso se dice que existe una "brecha de efectividad" entre el resultado deseado (ahorrar una parte de los ingresos) y el obtenido (un consumo innecesario).

La solución no pasa simplemente por actuar en ese momento de manera distinta, porque en otras oportunidades también llegará a resultados indeseados. Para modificar de raíz esa conducta y cerrar la brecha de efectividad debe operar sobre el observador que es y analizar desde otras perspectivas la realidad financiera que le toca vivir.

Para ello, puede buscar otras opiniones o incorporar herramientas para comprender mejor quién es usted y cómo es el mundo financiero que lo rodea. Puede asistir a cursos de finanzas, leer diarios y revistas especializadas, libros, etcétera.

Identificar su brecha de efectividad y trabajar sobre el tipo de observador que es para modificar sus acciones y llegar a los resultados deseados implicaría lograr un "aprendizaje de primer orden", la meta del *coaching*.

4. Evite repetir afirmaciones

Todos estamos de acuerdo en que una hipótesis o teoría debe ser enunciada por alguien que cuente con los conocimientos necesarios para hacerlo y que sea capaz de defenderla. Sin embargo, a la hora de opinar, cuesta asumir la propia ignorancia y evitar repetir verdades nunca comprobadas pero pronunciadas con seguridad por especialistas de la nada.

"En este país solo les va bien a los corruptos", "hay que endeudarse para darse los gustos" y "para qué vamos a ahorrar si cada diez años en este país tenemos una crisis que te hace perder todo" son algunas de las sentencias que se suele escuchar, incluso de boca de destacados periodistas y especialistas.

Friedrich Nietzsche advierte que uno de nuestros rasgos distintivos como seres humanos es la creación de teorías acerca de la realidad. Y es que la clave de toda teoría es el futuro, nuestra preocupación por el futuro, por encontrar reglas generales que nos permitan imaginar lo que viene y actuar en consecuencia.

Pero también juega el pasado: emitimos teorías o hipótesis basadas en nuestra interpretación de hechos anteriores, pensando que pueden repetirse. En esencia, se trata de un razonamiento conservador que impide imaginar cambios.

Una vez que se nota este defecto, es posible comprender que siempre existen posibilidades de transformación, que hay cosas nuevas por aprender y que se pueden cuestionar las cosmovisiones (formas de pensar e interpretar la realidad) reinantes para actuar de manera más enriquecedora.

5. Defina sus activos y sus pasivos internos

Se puede definir a los pasivos internos como aquellos pensamientos, emociones, ideas, hábitos, creencias, características de la personalidad, actitudes o condiciones físicas y psicológicas que limitan la capacidad de ganar dinero. Por el contrario, los activos internos son aquellos que suman a la hora de generarlo.

Para detectarlos y superarlos o fortalecerlos, un buen ejercicio consiste en confeccionar una lista que se irá completando a medida que estos factores influyentes aparezcan ante sus ojos.

Valga un ejemplo de cada clase: las emociones negativas en muchos casos se relacionan con el miedo que genera la posibilidad de invertir en activos poco conocidos, mientras que un hábito positivo tiene que ver con la capacidad de ahorrar todos los meses al menos una porción menor de los ingresos.

Clasificar unos y otros allanará el camino hacia el éxito financiero, al menos desde el punto de vista de los condicionamientos subjetivos.

6. Plantee objetivos claros y realistas

Para el *coaching*, la elección de la meta es un paso fundamental, y un error grosero en su definición podría hacer del fracaso la única alternativa. Por eso, el objetivo que se imponga debe ser realista, mensurable y comprobable.

En el mundo financiero se debe trabajar sobre objetivos bien detallados, donde quede claro, por ejemplo, cuál es el rendimiento esperado para sus inversiones (10% anual, 20% anual, etcétera).

Si fuese vago en la definición y plantea simplemente que quiere incrementar su patrimonio, una ganancia del 1% anual debería dejarlo conforme. Sin embargo, si al término del período ve que la mayoría de los activos subieron un 20% o más, no quedará contento con la estrategia implementada.

Del mismo modo, imaginar una alta rentabilidad sin un plan realista que la sustente lo hará sentir disconforme pese a que, tal vez, haya obtenido un porcentaje superior a la media.

7. Hágase responsable de sus finanzas

Responsabilidad significa "responder con habilidad" o "habilidad para responder". Está claro que lo más cómodo es delegar en un tercero el manejo de sus ahorros. ¿Pero comodidad equivale a conveniencia?

Para ser responsable de su capital necesita antes capacitarse, aprender a administrar el dinero para poder utilizar cada vez más herramientas y ampliar las opciones de inversión.

No se trata de una misión imposible. Ni siquiera puede considerarse difícil si existe la voluntad de aprender y el tema se encara con cierta regularidad, como una hora por día.

La opción contraria –y tradicional– consiste en entregarle sus ahorros a una entidad financiera más preocupada por ofrecerle una renta baja, pero supuestamente segura, para obtener otra mayor o deseosa de cobrarle comisiones por sus servicios (compraventa de activos financieros, adquisición de cuotapartes de fondos de inversión, etcétera).

Escapar a esta lógica implicaría abandonar lo que en *coaching* se conoce como "el rol de víctima": todo lo que suceda con su dinero no será su culpa. Siempre habrá otro a quien responsabilizar.

El "rol de víctima" es un lugar confortable, libre de presiones. Allí no hay posibilidad de fracasar, dado que todo lo que sucede viene de afuera, es generado por un "otro experto" que no debería fallar. Pero, lamentablemente, los intereses de ese "otro" pocas veces coinciden con los de usted y las posibilidades de éxito financiero estarán limitadas desde el principio.

8. Busque un *coach* si lo cree necesario

El del *coaching* financiero no es un camino que convenga transitar en soledad. Se lo puede recorrer con pares para enriquecer el conocimiento o se puede recurrir a un profesional que sirva de guía a la hora de moverse en un mundo poco conocido como el financiero y que sepa manejar las emociones vinculadas con el ingreso o la pérdida de dinero.

Se trata, posiblemente, de la primera decisión que convenga tomar, aun antes de definir dónde volcará su capital.

Tips para el éxito financiero de la pareja

1. Hablen sobre el dinero con frecuencia

No son pocos los casos en que a las parejas les cuesta hablar de dinero. Por temor a quedar como avaros, materialistas o gastadores compulsivos muchas veces se elige el camino equivocado del silencio y solo se trata el tema cuando no queda otra opción, lo que conduce a que se tomen decisiones apresuradas.

Cuando a ambos miembros de la pareja les cuesta tomar la iniciativa y abordar la cuestión, lo mejor es pautar al menos una charla al mes para consensuar gastos, objetivos de ahorro, etcétera.

Es importante preparar el escenario para esa tarea: hablar sobre finanzas a las apuradas o en medio de una discusión por otro tema solo generará desacuerdos y malestar.

Para muchos podrá resultar incómodo al comienzo, pero con el tiempo la charla mensual o semanal se convertirá en un hábito más que saludable para la pareja.

2. Establezcan metas conjuntas

El egoísmo no es buen consejero en la pareja. Si piensa que los objetivos financieros de su media naranja tienen que ser irremediablemente idénticos a los que viene sosteniendo y que tan cómodos le resultan, estará negándole la posibilidad de expresarse y disentir, para que satisfaga también sus deseos y necesidades.

En consecuencia, conviene discutir al detalle las metas de corto y de largo plazo; por ejemplo, las de los próximos

10 años de cada uno y de la pareja. Acordar el camino a transitar juntos implica otorgarle al noviazgo o matrimonio una cuota de estabilidad que no se consigue a los ponchazos.

3. Sepan dividir los gastos

Existen diferentes modalidades de división de gastos. Cada pareja deberá adoptar la que mejor le siente, según el momento financiero que atraviese cada miembro. Aquí, algunas opciones:

a) El que genere más ingresos puede ocuparse mayoritariamente de ellos, respetando siempre una misma distribución (uno, los impuestos y el supermercado; otro, el club) para no dejar obligaciones sin pagar.

b) Los gastos se pueden dividir respetando la participación de cada uno en los ingresos totales, de modo que ambos posean capacidad de ahorro.

c) Se puede constituir un fondo común donde ambos depositen en partes iguales el dinero necesario para cubrir la totalidad de los gastos mensuales.

Cualquiera de estas estrategias u otras parecidas serán válidas siempre que cuenten con el aval de ambas partes. Recurrir al conocido "que pague el que tiene en el momento" no será una opción conveniente. Tomar este principio como regla puede generar conflictos por diferencias en los niveles finales de ahorro de uno y otro.

4. No mientan acerca de los gastos

Cuántas parejas habrán peleado y cuántas habrán ingresado en un estado de desequilibrio financiero por mentiras relacionadas con el dinero y su gestión.

Si algo le costó $ 600, ¿por qué decir que salió la mitad? Si no puede defender ante su media naranja un gasto puntual es porque no supo llegar a un acuerdo básico sobre el tema o porque está rompiendo ese acuerdo, que, de todos modos, debería contemplar excepciones.

Por supuesto, lo dicho no implica que le informe al otro sobre todos los gastos en que incurre, más aun cuando son razonables. Un exceso de información podría generar dependencia y resultar desgastante y contraproducente.

5. Acuerden cuánto y cómo les suministrarán dinero a sus hijos

Nuevamente, las alternativas abundan y cada familia debe hallar el sistema que más le rinda.

Hay casos donde se les da dinero a los hijos mediante un sistema de recompensas, donde cada premio se corresponde, por ejemplo, con una buena nota en el colegio.

Otros, en los que uno de los miembros de la pareja evalúa los gastos ordinarios y el otro se encarga de los extraordinarios (cumpleaños, día del niño, etcétera).

Y también encontramos familias en las que los chicos reciben dinero en sumas fijas de manera semanal o mensual.

Las dos primeras alternativas son interesantes siempre y cuando hayan sido acordadas previamente por los adultos, mientras que la opción de la "renta fija" es estimulante para los menores dado que les inculca la noción de ahorro y de distribución de sus gastos, además de que los incentiva a que establezcan objetivos de mediano y largo plazo.

Lo importante aquí es evitar transmitir mensajes contradictorios que terminen afectando la educación financiera de los hijos.

99

6. Evalúen el esquema de "las tres cuentas"

Existe un esquema conocido como "las tres cuentas" que puede dar buenos resultados en la pareja.

Bajo esta modalidad, cada integrante conserva su cuenta bancaria individual y, además, aporta a una conjunta que se destinará a los gastos corrientes, las metas de ahorro y los gustos que planeen darse de a dos, como viajes, salidas de fin de semana, etcétera.

La creación de esta tercera cuenta que respeta las individuales constituye una buena opción para que cada miembro conserve su autonomía financiera y, al mismo tiempo, pueda pensar en los proyectos de la pareja.

7. Generen acuerdos sobre hipotéticos escenarios futuros

La realidad puede cambiar y la pareja debe saber adaptarse a los distintos escenarios financieros. Por ejemplo: si cuando se formalizó el noviazgo ambos ganaban aproximadamente lo mismo y el acuerdo que primó fue dividir en forma equitativa los gastos, una vez que los ingresos de uno crecen más que los del otro, esa distribución podría modificarse.

Plantear de antemano esos cambios facilitará futuros acuerdos. De lo contrario, el más pudiente podría sentirse sometido a la voluntad del otro y rechazar nuevas obligaciones.

Otro tema delicado es el de las deudas, sobre todo cuando uno de los integrantes de la pareja las asumió previo al noviazgo o al casamiento. Es una cuestión que requiere de un diálogo profundo y sincero donde la meta radique en el desendeudamiento, del que se deberán hacer cargo los dos, si fuese necesario.

8. No trate de imponer su voluntad a partir del dinero

El dinero, cuando es aportado por un solo miembro de la pareja, puede terminar generando una relación de dependencia que excede lo monetario. Sucede que mientras el generador de riqueza considera con frecuencia que sin sus ingresos el bienestar de ambos no sería posible, el que cumple con el rol de "mantenido" acepta someterse a la voluntad ajena como compensación al esfuerzo ajeno.

La relación afectiva, entonces, queda en un segundo plano, y es el dinero el que manda, permitiendo que la voluntad de uno se imponga sin reconocer al otro como sujeto con deseos y necesidades, y con habilidad para tomar decisiones.

La pareja requiere para su estabilidad espacios de negociación donde ninguno tiene más derechos ni más libertades que otro. Al fin y al cabo, el verdadero amor consiste en dar sin esperar nada a cambio.

Tips para eternos deudores

1. Busque caminos alternativos al endeudamiento

Los gastadores compulsivos son personas que sienten un deseo irrefrenable de adquirir bienes o servicios a costa, incluso, de su estabilidad financiera.

La ansiedad es uno de los factores que explican esta conducta. En consecuencia, los mejores consejos pasan por hacer terapia, practicar yoga o anotarse en un curso de meditación que permita ir canalizando la energía negativa para orientarla hacia fines más productivos.

2. Desconfíe de los avisos publicitarios

En conjunto, las empresas invierten millones de dólares todos los meses en marketing para vender más productos, sin importar si con ellos mejora nuestra calidad de vida.

Los bancos, por ejemplo, realizan campañas con frecuencia invasivas para ofrecer créditos al consumo. Le dejan mensajes en el contestador, inundan su casilla de correos electrónicos con promociones e imágenes de playas paradisíacas que su mirada no logra esquivar, sus ofertas de servicios invaden la pantalla del cajero automático cuando quiere retirar dinero por esta vía, etcétera. Por eso, a no engañarse: las empresas no saben qué es bueno para sus finanzas y qué no. Y si lo saben, no les interesa en absoluto.

3. Deje las tarjetas de crédito en su casa

Los plásticos suelen ser muy útiles para quienes saben manejar sus finanzas, controlar su impulso comprador y aprovechar las promociones con descuentos y pagos en cuotas cuando realmente resultan convenientes.

Para los deudores eternos, en cambio, constituyen una invitación al desequilibrio financiero oculto en pagos interminables de pequeños montos que en conjunto terminan redondeando cifras por momentos superiores a los ingresos mensuales.

La recomendación para ellos es dejar descansando en sus hogares a las tarjetas de crédito, preferentemente en algún cajón que las mantenga fuera de la vista.

4. No abone solo el pago mínimo del resumen de la tarjeta

Muchos piensan que el negocio principal de las tarjetas de crédito es lo que le cobran al comerciante en concepto de comisión por cada venta y el cargo de renovación del plástico y gastos administrativos a sus clientes, pero no es así.

Cada vez más, los ingresos que ostentan estas firmas se basan en los intereses que les cobran a los clientes por el remanente que estos solicitan financiar al abonar solo el pago mínimo.

Sucede que los intereses suelen calcularse utilizando uno de los sistemas de amortización de deuda más perjudiciales para quien tiene que pagar. En este caso, entonces, el consejo es: "no deje para mañana lo que puede pagar hoy".

5. Evite el Sistema de Amortización Directo

La mayoría de las personas que obtienen un préstamo o compran en cuotas no repara en detalles como la fórmula matemática utilizada para calcular los intereses de su deuda.

Entre esas fórmulas figura el Sistema de Amortización Directo, que computa el pago de intereses sobre el monto total del préstamo (o costo del producto adquirido) sin considerar que al pagar las cuotas estamos devolviendo parte del capital acreditado y que lo más correcto sería reducir los intereses respetando el capital que resta devolver.

El Sistema de Amortización Directo constituye una práctica usurera. Para protegerse de ella, el mejor consejo es no aceptarla y concurrir a los organismos de defensa del consumidor para denunciar a quien pretende aplicarla.

6. Conozca la diferencia entre TEA y TNA

Seguro de vida, IVA sobre intereses, gastos administrativos son costos que deben incorporarse al cálculo de la tasa total pagada por el crédito, conocida como tasa efectiva anual (TEA).

Sin embargo, los bancos y las entidades financieras suelen informar el costo de los préstamos en base a la tasa nominal anual (TNA), que no tiene en cuenta los ítems mencionados.

La decisión no es casual: los conceptos por gastos administrativos pueden incrementar los intereses en hasta 10 puntos porcentuales.

7. Resista el embate consumista

El modelo económico surgido tras la devaluación de 2002 requirió de una creciente demanda interna de bienes y servicios, a su vez impulsada por:
– Tasas de interés negativas que restan atractivo a inversiones tradicionales como los plazos fijos (rinden menos que la inflación).

– Medidas de fortalecimiento del ingreso en los sectores medios y bajos (fortalecimiento parcialmente ilusorio, dado que a los aumentos de salarios o beneficios sociales les siguen periódicas subas de precios).
– Promoción del crédito al consumo, cada vez más auspiciado como fuente de dignidad y felicidad.

Escapar del discurso consumista, o al menos aprender a interpretarlo con espíritu crítico, le permitirá evitar caer en gastos superfluos ajenos a sus deseos, rechazar préstamos a tasas usureras y buscar alternativas de inversión para imaginar un futuro financiero donde reinen la independencia y la estabilidad.

8. Planifique, planifique y planifique

Planificar es un verbo clave, cuyo desconocimiento puede llevarlo a satisfacer intereses de terceros en perjuicio de su propio bolsillo.

El deudor eterno comete el error de no planificar jamás. En su horizonte, la mirada no es capaz de ir más allá del próximo compromiso porque lo que venga más tarde ya se arreglará. Toda estrategia apunta a "pedirle prestado a Juan para pagarle a Pedro", aunque sepa que el monto adeudado irá *in crescendo*.

Ordenar los gastos y abandonar los hábitos nocivos de consumo donde el fin (comprar algo nuevo) siempre justifica el medio (pedir prestado dinero) constituyen el principio del ahorro y, por lo tanto, el comienzo del fin de las deudas.

Tips para evitar conflictos por dinero con familiares y amigos

1. No ostente

El dinero no es un valor en sí. Quien más tenga no será necesariamente el más inteligente, el más fuerte o el más bello. Será simplemente el más acaudalado.

Quienes ostentan, en realidad, confiesan su inseguridad a través de los bienes que poseen o las ropas que visten, y no comprenden que pueden ser presa de robos o generar sentimientos negativos en las personas a las que pretenden impresionar.

Por eso es necesario reflexionar antes de actuar. Evaluar si detrás de lo que hace, de lo que consume y de la forma como lo refleja hay un deseo genuino o simplemente un afán desmedido por agradar a los otros desde lo material.

En definitiva, debe saber que quienes lo valoran por como es lo seguirán apreciando sin importar lo que tenga.

2. No sea tacaño

El tacaño es aquel que mantiene una relación en apariencia equilibrada con el dinero. Sin embargo, se trata solo de un espejismo: en realidad, sufre con cada gasto porque lo vive como una separación del dinero que le pertenece.

La persona tacaña no disfruta comprando algo de calidad porque solo mira el precio. Tampoco lo hace a la hora de salir a comer con amigos o familiares, y mucho menos cuando le toca regalar, porque cree que ninguna satisfacción ajena compensará el dolor ante la pérdida monetaria.

Para colmo, lo único que sabe es acumular billetes, dado que prefiere guardarlos antes que invertirlos y correr el riesgo de perderlos. En resumen, mientras su dinero se deprecia frente a la inflación, su relación con los demás se deteriora.

3. Evite trabajar con su familia

En algunos casos, no es un consejo fácil de seguir. Además, siempre existen casos de familiares que han alcanzado el éxito financiero trabajando a la par. Sin embargo, abundan los ejemplos en contrario, con familias que han perdido el diálogo por conflictos relacionados con el manejo del negocio y el reparto del dinero o los bienes.

Afectos, trabajo y dinero pueden transformarse en un cóctel explosivo, donde se pierde mucho más que un negocio. Tomar otro camino puede terminar siendo la opción más conveniente para quienes no se sientan cómodos con el vínculo o tengan otros intereses. Siempre habrá quienes cuiden de la empresa familiar.

4. No pida dinero prestado a amigos

La persona que le pide dinero prestado a un amigo, o incluso un familiar, cambia la naturaleza de la relación, que de inmediato adquiere un carácter monetario. Además, se asume dependiente, con lo que pierde autoridad ante los demás integrantes del grupo de amigos, o de la familia.

"Cuentas claras conservan la amistad", dice el refrán. Podríamos añadir que sin cuentas que contar la amistad se conserva aún mejor.

Claro está que si no queda alternativa, lo más conveniente será devolver el dinero en tiempo y forma, evitando realizar gastos superfluos que dificulten o demoren el pago del préstamo.

5. Sea prudente al hablar de sus ingresos con los demás

Muchos piensan que es imposible entablar una conversación sobre ingresos que no esconda intereses *non sanctos*. De allí que cualquier intento de diálogo en ese sentido pueda ser tomado como un exceso de confianza o hasta una grosería.

Para evitar malos momentos, maneje el tema con prudencia, más aún si piensa que su interlocutor gana mucho menos que usted y tiene problemas económicos. La envidia no es sana y puede dañar relaciones en las que lo material no debería colarse jamás.

6. No utilice el dinero para ocultar segundas intenciones

Es una práctica generalizada en los padres apelar al dinero para intentar controlar la vida de sus hijos adolescentes. Creen que, al darse cuenta de su dependencia económica, los jóvenes los reconocerán como autoridad.

Sin embargo, la autoridad se legitima a través de la enseñanza, con argumentos acerca de por qué está bien actuar de cierta manera y no de otra, dando espacio al intercambio de ideas y a la libertad dentro de determinados límites.

Incorporar el dinero de una forma equivocada en la relación implica, una vez más, cambiar la naturaleza de un vínculo que excede claramente a lo monetario.

7. Maneje con cuidado los temas de herencia

Cuando se muere un ser querido que deja bienes para repartir, es común que la familia entera se convulsione y surjan conflictos menores que pueden derivar en graves enfrentamientos.

Ante casos de este tipo, conviene saber que cada persona reacciona de distinta forma frente la muerte, y muchas veces entran en juego sentimientos tan profundos que alteran los ánimos y desembocan en peleas que en apariencia son materiales, pero que poseen un fuerte contenido emocional.

Comprenderlo será clave para resolver los problemas, ir al fondo de la cuestión y, a la vez, apelar al diálogo en el momento de distribuir la herencia.

8. Sea equitativo con los regalos

Otro comportamiento habitual, que genera resquemor, es mostrar mayor aprecio por un afecto que por otro haciéndole regalos mucho más valiosos.

Allí encontramos al padre que le obsequia un departamento de tres ambientes a un hijo y un monoambiente a otro. También, al amigo que se esfuerza por encontrar el mejor regalo para uno, mientras que para otro elige algo al azar.

Cuando regalamos expresamos cariño. Podemos no gastar mucho, pero sí gastar bien. Por eso, distintas actitudes reflejarán diferencias que los demás advertirán.

Ocho tips para educar financieramente a los hijos

1. No delegue la enseñanza

Geografía, historia, literatura, física y matemática son algunas de las materias que a sus hijos les enseñan en el colegio. ¿Pero qué pasa con el manejo del dinero? ¿Acaso una buena administración de las finanzas personales no será fundamental en sus vidas?

El dinero, desde esta perspectiva, es un tema tabú para la mayoría. Pareciera que a los jóvenes no habría que contaminarlos con la cuestión financiera. Sin embargo, al mismo tiempo se les inculcan valores vinculados al dinero que derivan en conductas nocivas para sus bolsillos e incluso para su relación con los demás, como aquellos que apuntan al consumismo y la ostentación.

Muchos jóvenes llegan a la edad adulta creyendo que el dinero es un valor en sí, que si alguien es rico es mejor persona, que todo debe tener un precio y que si algo no sale caro, entonces no vale nada.

Mejor será, pues, enseñarles a ganarlo en buena ley y administrarlo responsablemente, planificando gastos y ahorro. Una tarea de los padres para sus hijos y también para ellos mismos, porque podrán ayudarlos económicamente cuando sean mayores.

2. Utilice el esquema de renta fija

Se trata de un esquema utilizado por muchos padres, que con una frecuencia semanal o mensual les pasan dinero a sus hijos para que estos administren responsablemente sus gastos, y logren llegar al final del período sin que tengan que pedir más, excepto cuando la necesidad demande un gasto extra.

Como en todo plan de enseñanza, es importante establecer reglas claras y fomentar su cumplimiento a través de un sistema de premios y castigos moderados pero eficaces.

Por ejemplo, si un chico gasta todo el dinero en los primeros días, no se le deberá dar más hasta que se cumpla el período preestablecido (la semana o el mes). Por el contrario, si administra la plata con eficacia, convendrá premiarlo con un lindo obsequio.

Por supuesto, enseñar no es delegar. Con darle el dinero no basta, hay que ayudar a los hijos a planificar los gastos, a evaluar en qué le conviene gastar primero y qué cosas pueden esperar.

3. Cuando postergar los deseos es crecer

Los expertos de la Universidad de Stanford realizaron en repetidas ocasiones un experimento de laboratorio con niños de cuatro años: los sentaban frente a una mesa repleta de golosinas y les ofrecían comer las que quisieran, siempre y cuando esperaran la llegada de un mayor que se las sirviera.

"Gratificación retardada", la denominaron los especialistas, quienes años más tarde evaluaron las conductas financieras de esos chicos devenidos en adolescentes.

El resultado fue más o menos el siguiente: quienes supieron obedecer la regla, al crecer mostraron una conducta más responsable en relación con el dinero.

Creer o reventar. Lo cierto es que nunca estará de más inculcarles paciencia a esos locos bajitos que lo quieren todo sin tener que esperar.

4. Apele a los juegos de mesa a la hora de enseñar

"Monopoly", su versión local "El estanciero", y "El juego de la vida" probablemente sean los más conocidos entre los juegos que refieren al dinero y a su buena administración en un mundo de intereses en conflicto, donde muchas veces las ganancias de unos implican pérdidas para otros.

Quizá debido a su capacidad de entretener mientras enseñan con la práctica es que no sean pocas las personas que advierten su valor pedagógico y lo transforman en una herramienta útil para formar a sus hijos o sobrinos en la materia.

Actualmente existen otros juegos diseñados para la ocasión, como "Cash Flow" (flujo de caja) –creación del mencionado Robert Kiyosaki–, donde se abordan conceptos financieros como el de ingresos pasivos y se mencionan ideas novedosas desarrolladas en los libros del autor.

Lo cierto es que, más allá del juego que se elija, aprovechar estas herramientas lúdicas constituye una de las mejores decisiones que se puedan tomar a la hora de educar financieramente a las nuevas generaciones.

5. Cuestione el consumismo

A los más chicos les resulta prácticamente imposible evadirse del discurso consumista que impone la sociedad. En los canales de televisión infantiles abundan las publicidades cada vez más parecidas al "compre ya", en los locales de comidas rápidas siempre aparecen juguetes nuevos para llevar al módico precio de una cajita que adentro trae más grasas que proteínas, y en el jardín o la escuela primaria siempre aparece un compañerito o una compañerita que hace gala de su nueva adquisición, sean zapatillas, reloj o muñecos de estrellas animadas de la pantalla.

Por eso es fundamental enseñarles que en la compra frenética de objetos no reside la felicidad. Que nada es más divertido que jugar con la imaginación y que para divertirse solo hacen falta amigos, buenos amigos.

Esta vez no citaremos ningún estudio que sostenga que la mayoría de las personas educadas en una atmósfera consumista sufrieron de grandes problemas financieros por no poder ajustar sus gastos a sus ingresos. La evidencia no hace falta. Predique con el ejemplo: juegue con sus hijos, enséñeles a compartir antes que a pedir y a valorar todo lo que se tiene (familia, amigos) antes que a sufrir por lo que no se tiene.

6. Coordine con su pareja el suministro de dinero

Uno de los motivos de pelea o discusión habituales en las parejas pasa por las diferencias en torno a la forma como se le provee dinero a los hijos.

Uno de los integrantes de la pareja puede pensar que la mejor metodología consiste en darles dinero mediante un sistema de premiación, donde la buena conducta y las buenas notas en la escuela merezcan montos significativamente más altos que los "bochazos" o las amonestaciones.

El otro podría considerar más apropiado darles dinero con regularidad, independientemente de lo que dicten el boletín y el cuaderno de comunicaciones. De esta forma, se evitarían cambios bruscos en el ingreso del menor y se fomentaría una conducta financiera responsable, donde los gastos no deberían sufrir grandes e innecesarias variaciones.

¿Quién tiene razón? No lo sabemos. Probablemente, dependa de cada caso. Lo que sí sabemos es que el peor error que se puede cometer es enviar mensajes contradictorios que terminen perjudicando al chico en plena etapa de construcción de su identidad (incluida la financiera).

En consecuencia, si hay diferencias, púlalas primero para que el mensaje sea claro, y el flujo de dinero, ordenado. Si el sistema no funciona, siempre habrá tiempo de cambiarlo.

7. No reemplace el tiempo con regalos

El tiempo vale oro y no solo en sentido monetario. Los padres muchas veces pretenden suplir con un obsequio su ausencia en el hogar por razones laborales, pero un hijo no espera a su mamá para comer un chocolate, sino para hablar y jugar, para contarle lo que hizo en el jardín o en el colegio y para aprender lo que únicamente ella le podría enseñar. Lo mismo corre para el padre...

¿Acaso los objetos pueden reemplazar la falta de dedicación? Claramente, no. El dinero carece de carga afectiva. Adjudicársela es el comienzo de una educación financiera equivocada, donde lo monetario será ubicado como fin último de las acciones en lugar de que sea un medio para alcanzar objetivos más nobles.

8. Inculque la solidaridad

Si la familia es fundamental en nuestra sociedad es porque constituye el ámbito principal de transmisión de valores.

Por supuesto, cada familia transmite mensajes distintos y de diferentes maneras. Algunas son más conservadoras, y otras, más liberales, pero en ningún caso debería faltar, en el marco de la educación financiera, la solidaridad con los demás.

La economía es ante todo una ciencia social, una herramienta que debe utilizarse y perfeccionarse constantemente para garantizar condiciones de vida dignas para todas las personas.

Si comprende que forma parte de la raza humana en un proceso evolutivo histórico, no podrá desentenderse de esa misión. Sin actos solidarios, sin acciones que sirvan para que los demás vivan mejor, no será parte de ese proyecto universal.

Lo sabe usted y lo deben saber sus hijos. Así serán mejores personas y podrán construir un mundo mejor.

CAPÍTULO 4

DE MATRIMONIO, SEXO, TRABAJO EN PIJAMA Y MUJERES MILLONARIAS

Polémico y atrevido. Así es este último capítulo lleno de consejos para las parejas que planean casarse, para las que desean saber más sobre la relación entre el dinero y el sexo, para los hombres que pretenden cambiar la corbata por el pijama y para las mujeres que sueñan con amasar... ¡una fortuna!

Tips para leer antes de casarse

1. Evalúe la conveniencia de un contrato prenupcial

El matrimonio es un contrato que excede en mucho lo económico, pero sin duda lo incluye. En consecuencia, si lo considera necesario, debe reconocer sin demoras ante su pareja el deseo de alcanzar un acuerdo rubricado por un escribano que otorgue certidumbre a la pareja en caso de que el amor que la une desaparezca ante la confrontación constante y el ánimo de divorcio.

Por supuesto, no es necesario llevar el tema a la mesa del restaurante *raffiné* en el que celebraron el compromiso, con obsequio de un delicado anillo incluido. Busque el momento adecuado de hacerlo.

También, las palabras adecuadas… Háblele de "contrato prenupcial", de "parejas modernas" que aún abrazan y celebran el matrimonio y que se sienten más "tranquilas" dejando todo en claro de antemano. Explíquele que el pacto les brindará "seguridad económica" a ambos, etcétera.

Claro que existe un pequeño inconveniente: la ley argentina no se adaptó todavía a esta realidad ya aceptada en países como Noruega, Francia y Estados Unidos, pero se estima que en breve lo hará.

2. Vaya conociendo las alternativas existentes

En los países donde la ley permite el contrato prenupcial, las parejas deben optar por la separación de bienes previa al matrimonio o el régimen de bienes gananciales.

Si se elige la primera opción, las ganancias que cada uno obtenga por los bienes personales anteriores a la boda serán suyas y no deberá pedirle permiso al otro para utilizarlas a gusto, más allá de que lo ideal sea siempre consensuar los gastos con la pareja. En caso de firmar el divorcio, tampoco necesitará defender sus tenencias. El contrato las detallará y no habrá lugar para discusiones.

En cambio, si se opta por el régimen de bienes gananciales, los ingresos generados por la pareja y sus propiedades deberán compartirse y repartirse en mitades iguales si se llega a la separación, lo que ya sucede en nuestro país.

Las discusiones más fuertes en torno a estas opciones –que pueden hacer peligrar un matrimonio antes de su celebración, o afectar gravemente las relaciones cuando el divorcio es casi un hecho– suelen ocurrir en las parejas donde las diferencias económicas entre sus miembros son marcadas.

Las razones son muchas y van desde la desconfianza de la familia del más pudiente hasta el reclamo de una relación de igualdad del que menos bienes tiene para aportar.

No obstante, las discusiones en busca de un acuerdo pueden resultar muy beneficiosas para la pareja si logran evitar, una vez consumado el matrimonio, un vínculo enfermizo, donde el más adinerado exija un respeto y una dedicación que no brinde y el otro acepte sin más todo tipo de órdenes como muestra de agradecimiento.

3. Anticípese a los conflictos de las parejas "ensambladas"

Casarse es toda una aventura. Y hacerlo dos veces suena a locura, pero igualmente hay quienes se animan.

En los casos donde, fruto de un matrimonio anterior, uno de los integrantes de la pareja tiene hijos, las preocupaciones económicas se deben plantear de una manera más que transparente.

De lo contrario, las diferencias que vayan surgiendo acerca del destino del dinero que ingrese en el hogar generarán más problemas que soluciones, sobre todo si uno de los miembros de la pareja debe solventar gastos de su ex o de hijos que no viven en la casa y que no establecieron un vínculo afectivo con el otro miembro de la pareja.

4. Hable sobre expectativas de manutención de los padres

Si bien no aparece en los papeles, hay una sentencia que refleja la realidad de muchas parejas: al casarse, una persona también se casa con la familia de su pareja.

Los problemas que pueden surgir de esa relación son infinitos, incluso en el ámbito económico. No obstante, aquí abordaremos puntualmente uno: el vinculado con el deseo o la necesidad de uno de los miembros de la pareja de mantener a sus padres u otro familiar cercano, como un abuelo, un tío o un hermano.

Imaginar juntos lo que el futuro puede deparar, pensar en las necesidades que pueden surgir más adelante respecto de la manutención de familiares, ayudará a ambos a fortalecer el vínculo, a consensuar decisiones y prepararse para afrontar momentos quizá difíciles o incómodos para uno de los dos, pero inevitables para el otro.

5. Sea transparente acerca de sus ingresos y sus ahorros

Cuántas personas han llegado a la cama con su pareja sin conocer un aspecto esencial de la vida del otro: su situación económica.

Con suerte saben si alquila o si tiene auto, pero de sus ingresos regulares, sus ahorros o su nivel de gastos, nada.

Aunque roce el ridículo, para muchos se trata de un tema tabú, algo que no se debe preguntar y que debe surgir del otro espontáneamente, si es que alguna vez surge…

¿Pero acaso las proyecciones económicas no forman parte esencial de la vida? ¿En aquello que uno quiere ser no se incluye aquello que desea tener? Está claro: ser alguien es mucho más importante que tener algo, pero para construir una familia también hay que pensar en tener recursos para educar a los más chicos, trabajo para garantizar acceso a la vivienda y la salud, etcétera.

Por supuesto, no estamos aconsejando aquí buscar únicamente parejas adineradas. Lo que se recomienda, por el contrario, es la construcción de a dos de la situación económica de la pareja, y esa construcción no puede darse sin sinceridad, sin transparencia.

Si los deseos materiales no son idénticos en la pareja, se pueden intentar asemejar las proyecciones siempre que se conozcan ambas realidades. De lo contrario, al menos uno de los dos estará actuando solamente bajo la ceguera del amor, esa ceguera que construye en el otro un ser ideal que no es ni tiene por qué ser.

Uno debe permitirse –incluso exigirse– conocer al otro en todas sus dimensiones y amarlo tal cual es, en lugar de imaginar cualidades que quizá no posea ni pretenda poseer.

Finalmente, no habrá pareja exitosa si el desconocimiento de la realidad financiera impide llevar una vida equilibrada en gastos, donde los sobresaltos económicos sean las excepciones, y no la regla.

6. Cree un "comodín financiero"

Existe también un concepto muy utilizado aunque por lo general con escasa precisión o planificación denominado "comodín financiero".

Se suele utilizar para acceder a una convivencia económica pacífica y equilibrada, y consiste en pactar la cantidad de dinero que cada uno puede destinar a sus caprichos.

De esta forma, si el escenario financiero de la pareja permite ciertos gastos extra ocasionales, se los podrá dividir en partes iguales para que ambos miembros conozcan sus límites y gasten el excedente sin culpa y sin temor a generar disgustos en el otro.

Será una suerte de libertad acotada. Tal vez –y siempre en términos financieros– la mejor de las libertades en un mundo que nos lanza al consumo constante sin preocuparse por nuestros ingresos y, mucho menos, nuestras verdaderas necesidades.

7. Evite la "*sexuación* del dinero"

El concepto es acuñado por Clara Coria, una reconocida psicóloga argentina especializada en problemáticas vinculadas con el dinero. Hace referencia a la pauta cultural que le otorga masculinidad al papel moneda.

Por más espontánea y natural que parezca, esta interpretación del dinero no es inocente: tiene lugar en sociedades machistas que le otorgan al hombre el derecho de ser ambicioso, defender su bolsillo y anhelar ganancias, y confinan a la mujer al lugar de la madre inocente dedicada por completo al cuidado de sus hijos y ajena a todo interés material.

En consecuencia, cada vez que una mujer exige condiciones financieras más favorables, sea a la hora de realizar una inversión o de negociar un salario, los mandatos sociales se activan en el otro protagonista de la situación, quien –si no es capaz de luchar contra los patrones culturales dominantes en el imaginario– terminará por juzgar negativamente su conducta.

Para colmo, pese a los evidentes avances observados desde por lo menos mediados del siglo pasado, el mandato adquirió tal fuerza que penetró en la cosmovisión de las propias mujeres, quienes se topan con el dilema de elegir entre pelear por sus necesidades y deseos –y sentirse "malas mujeres"– y ceder ante la voluntad ajena a cambio del título de "buenas madres".

Por lo tanto, si es mujer, evite identificarse de manera tajante con el perfil de madre inocente alejada de los asuntos del dinero. Y si es hombre, abra la mente, libérese de prejuicios y acepte discutir de cuestiones financieras sin importar si la persona con la que tiene que hacerlo es mujer. En especial, si es su novia o esposa, y la discusión gira en torno a lograr la armonía financiera en la pareja.

El dinero no es frío ni egoísta. Es simplemente un medio para relacionarnos desde lo económico. Y en esas relaciones entran todos: mujeres y hombres.

8. Aplique el modelo de "las tres cuentas"

Lo hemos mencionado en el capítulo anterior y, a esta altura, seguramente ha reflexionado sobre el asunto.

A partir del esquema de "las tres cuentas" se pueden lograr resultados sorprendentes, en especial en aquellas parejas recién formadas que quieren avanzar a paso firme, aunque sin apuro.

Recordémoslo: cada miembro mantiene su cuenta bancaria personal y, a la vez, aporta una cuota para gastos corrientes de la pareja a una cuenta conjunta, donde también se pueden ir generando y realizando inversiones con vistas a la conformación de una familia.

De esta forma, la distribución del dinero permitirá mantener la sana concepción de una pareja donde la autonomía de sus miembros se combina con la realización de proyectos conjuntos.

Tips para conocer la relación entre sexo y dinero

1. Hay vínculos entre frecuencia sexual e ingresos monetarios

Según un estudio realizado por David Blanchflower (Dartmouth College de New Hampshire, en los EE.UU.) y Andrew Oswald (Universidad de Warwick, en Gran Bretaña), a partir de una muestra de 16.000 adultos, existe un vínculo directo entre la frecuencia con que una pareja tiene relaciones sexuales y sus ingresos.

Los resultados del estudio arrojaron el siguiente dato: en promedio, las parejas con ingresos relativamente altos tienen cuatro veces más encuentros sexuales que las de ingresos relativamente bajos.

Este vínculo entre sexo e ingresos nos anima a una suerte de conclusión: o el bienestar económico de la pareja despierta el deseo y las ganas de disfrutar más la vida de a dos o la mayor frecuencia de los encuentros íntimos deriva en una actitud positiva a nivel social y laboral, lo que redunda en mayores posibilidades de éxito financiero.

Por lo pronto: ¡a dar amor, que la suerte nos espera!

2. El cerebro prefiere el sexo al dinero

Jean-Claude Dreher, investigador del Centro de Ciencias Cognitivas de Lyon, en Francia, asegura que, en general, nuestro cerebro se siente más gratificado al momento de comer, beber y tener relaciones (recompensas primarias) que cuando se obtiene dinero o se ostenta poder (gratificaciones secundarias).

Las recompensas primarias cubren necesidades básicas, mientras que las secundarias no resultan esenciales para la supervivencia y su valor es determinado a partir de la asociación de cada experiencia con gratificaciones primarias (en qué necesidad se volcará el dinero o cómo aprovecharemos la posición de poder).

Se trata de un hallazgo alcanzado a partir del análisis de las reacciones de distintas áreas del cerebro que da cuenta de su capacidad de jerarquizar las recompensas y permite comprender por qué no siempre un ingreso más alto que lo necesario sirve como "zanahoria" para que aceptemos un mayor esfuerzo o más responsabilidades en el trabajo.

3. Las crisis económicas modifican la vida sexual

Autor de varios libros sobre la influencia de los mandamientos sociales en la sexualidad, Jeffrey Weeks, profesor de sociología de la South Bank University de Londres, afirma que "los períodos de crisis económica vuelven a las personas más conservadoras en sus comportamientos sexuales".

De acuerdo con sus análisis, la inestabilidad financiera lleva a las personas a buscar certidumbre en la vida sexual, en beneficio de las tradiciones y en perjuicio de las conductas más liberales.

Es más, en los sectores pudientes, donde la virilidad aparece ligada al rol social del hombre, la caída en bancarrota puede generar retraimiento sexual.

Según Weeks, lo contrario sucede con quienes –a pesar de la crisis– se mantienen en lo más alto de la pirámide: empresarios y funcionarios con poder y dinero se vuelven más atractivos y aumenta notablemente su capacidad de conquista.

4. Los pobres disfrutan más

Así como en el primer tip citamos un estudio que advertía una mayor frecuencia en las relaciones sexuales en las clases altas que en las bajas, existen investigaciones que adjudican una mayor sensación de felicidad en las personas de menor formación cultural y de menores ingresos.

Definitivamente, son buenas noticias para las personas cuyas camas registran más actividad que sus cuentas bancarias: su placer por cada encuentro sexual crece y compensa, en parte, la falta de ingresos y la enorme asimetría que produce la sociedad capitalista.

5. ¿Existe relación entre el orgasmo femenino y la riqueza de la pareja?

"Mamá, mamá, en la tele hablan de orgasmo. ¿Qué es eso?"
"No sé, querido. Preguntale a tu padre."

Millones de años de evolución han servido para muchas cosas, pero no para que se devele el misterio del orgasmo femenino. ¿Cómo se produce? ¿Por qué hay mujeres que no logran experimentarlo?

De acuerdo con una nota publicada en enero de 2009 por el diario inglés *The Times* y titulada "Por qué las mujeres tienen mejor sexo con hombres ricos", los doctores Thomas Pollet (Universidad de Amsterdam) y Daniel Nettle (Universidad de Newcastle) llegaron a la conclusión de que la frecuencia de orgasmos de una mujer guarda íntima relación con la riqueza financiera de su pareja.

Los científicos realizaron una encuesta denominada "Salud y vida familiar" dirigida a 5.000 personas en China, con preguntas detalladas sobre su vida sexual y sus ingresos.

Dentro del universo analizado, hubo 1.525 mujeres con parejas masculinas que respondieron sobre el orgasmo:

127

121 dijeron alcanzarlo siempre durante sus relaciones sexuales, 408 afirmaron llegar a menudo, y el resto se ubicó entre las opciones "solo a veces", "raramente" o "nunca".

Pollet y Nettle dedujeron que el nivel socioeconómico de los hombres contribuye a que las mujeres tengan orgasmos con mayor frecuencia. "Esto se debe a una adaptación evolutiva que hace que las mujeres elijan a los hombres en función de su posición económica", aseguraron.

Podríamos añadir, a modo de hipótesis, que el hombre adinerado llega con más seguridad a la cama…

6. Hombres dependientes e infieles

Según Christin Munsch, socióloga de la Universidad de Cornell, en los Estados Unidos, aunque parezca una paradoja cuanto mayor es la dependencia económica del varón a la mujer, mayor es la probabilidad de que le sea infiel.

Su trabajo se basó en las respuestas supuestamente ciertas que brindaron 1.024 hombres y 1.559 mujeres de entre 18 y 28 años, casados o en convivencia con su pareja desde hacía al menos un año.

Munsch calculó que entre el 10 y el 15% de las mujeres y entre el 20 y el 25% de los hombres reconocen haber tenido una relación sexual extraconyugal y concluyó que los hombres educados con parámetros machistas que dependían económicamente de su mujer mostraban una tendencia a la infidelidad basada en la necesidad de afirmar la masculinidad que sienten perder en la estructura económica familiar.

A las mujeres no les pasa lo mismo: el hecho de depender del ingreso de sus maridos no les genera un sentimiento de pérdida de la identidad social. Por lo tanto, es más bien extraño que por motivos económicos sientan necesidad de afirmar su feminidad con un amante ocasional.

7. Las parejas discuten más por dinero que por sexo

Una encuesta internacional realizada por la firma PayPal, la empresa estadounidense que permite transferencias de dinero entre personas que posean correo electrónico, arrojó un dato ciertamente polémico: las parejas pelean mucho más por asuntos vinculados al dinero que por desencuentros sexuales.

Los resultados de la encuesta bautizada "Can't Buy Me, Love" ["No puedes comprarme, amor"], como el tema clásico de Los Beatles, son concluyentes: el 43% de las parejas estadounidenses y más de un 30% de las parejas consultadas en Australia, Canadá, México, Italia, los Países Bajos y el Reino Unido colocan a las finanzas en el primer lugar del podio de los conflictos.

Lynnette Khalfani-Cox, escritora estadounidense e investigadora de la relación de las personas con el dinero, advierte que el vil metal genera discusiones aun más extensas que las relacionadas con los hijos (desde a qué colegio llevarlos hasta qué darles de comer).

Amarse más también implica priorizar el diálogo sobre la discusión y considerar el dinero como una vía para alcanzar el bienestar de la pareja, no el divorcio.

8. Las millonarias son más infieles

Si usted tiene la suerte de formar parte del selecto grupo de las mujeres millonarias, no se altere: puede pertenecer al escaso 27% que asegura nunca haber engañado a su marido.

Grove & Prince, una consultora dedicada al análisis del comportamiento de las personas ricas, llevó adelante un estudio bien exclusivo: investigó en qué grado penetraba (discúlpeme el término) la infidelidad en las parejas estadounidenses con ingresos superiores a los 9 millones de dólares anuales.

Para sorpresa de muchos, mientras que la infidelidad en los hombres se encontraba por debajo del promedio (53% contra 60% de los hombres estadounidenses de clase media), en las mujeres el número prácticamente se duplicaba y trepaba del 40% en la clase media al 73% en el segmento millonario.

Hipótesis que expliquen el fenómeno hay muchas, y en general aparecen cargadas de prejuicios y con poco sustento real. Mencionemos algunas: el liberalismo que reina en ciertos aspectos de la vida de las clases más pudientes, la escasa intimidad de matrimonios en los que no se comparten muchos momentos ni actividades, los usuales viajes de negocios de los maridos y las frecuentes clases de gimnasia de las mujeres, la gran atracción que generan tanto el hombre como la mujer por su poder adquisitivo, etcétera.

Lo cierto es que en una encuesta de infidelidad es difícil creer que la mayoría de los consultados admita una relación extramatrimonial. Por lo tanto, o el 73% mencionado para las mujeres se basa en indicios más que en respuestas positivas, o ellas han sido demasiado sinceras en sus respuestas con respecto a los hombres.

Tips para mujeres que quieren ser millonarias

1. Gane confianza en el manejo del dinero

Las mujeres suelen sentirse incómodas con dinero en la mano. De allí provenga tal vez su propensión a gastarlo, a guardarlo bajo el colchón o a delegar su inversión en los hombres.

Se trata de una realidad que debe cambiar. Si antes era el padre de familia el que llevaba dinero a la casa, hoy por lo general son ambos los generadores de ingresos y en muchos casos es la mujer la que más aporta a la economía familiar.

Por lo tanto, si históricamente la oportunidad de las mujeres de administrar recursos propios fue escasa o nula, actualmente la canción es otra, y para bailar con destreza simplemente hay que captar el ritmo.

Si el beneficio está en el ahorro y la inversión, evite el gasto compulsivo, supere el temor a perder dinero y aprenda a buscar buenas oportunidades de negocios. ¡Conozca a la verdadera mujer que lleva adentro!

2. Asuma mayores riesgos en las inversiones

Si la prudencia la domina hasta el punto de transformarse en miedo y paralizarla, sepa que no hay peor resultado que el de la pérdida leve pero segura.

Eso sucede con quienes atesoran dinero por temor a perderlo en una inversión. Saben que nominalmente mantendrán la misma cantidad, pero sus ahorros irán perdiendo poder de compra hasta resultar insignificantes.

Supongamos que usted cuenta con 10.000 pesos. Si los guarda bajo el colchón, con seguridad el monto no cambiará, pero en un año la inflación le habrá restado poder adquisitivo y lo que usted podía comprar en un principio costará más, con lo que el resultado de la estrategia sería negativo.

He visto gente atesorar dólares en 2002 temiendo durante años una crisis similar. ¿Cuánto perdieron ya frente a la inflación? Muchísimo dinero. En cambio, quienes supieron buscar activos baratos en relación con su potencial (acciones de empresas sólidas) o bienes con demanda asegurada (inmuebles ubicados en zonas atractivas) hoy celebran sus inversiones.

Claro que no siempre las apuestas salen bien. Pero se sabe: si se pretende ganar, algo hay que arriesgar. De lo contrario, la pérdida está prácticamente asegurada.

3. Conozca los números de la pareja

Conocer los números de la pareja no implica llevar todas las cuentas, sino estar al tanto de los recursos con que se cuenta.

Se calcula que luego del primer año de divorcio la calidad de vida de las mujeres cae un 30% promedio, mientras que la de los hombres mejora cerca de un 10%.

Entre otras razones, el dato responde a que la mujer gana en general menos que el hombre y que al divorciarse dejan de compartir absolutamente todos los gastos.

Sin embargo, hay otro motivo menos evidente y tiene que ver con la existencia de ahorros e inversiones que la mujer no conoce con exactitud, y que el hombre evita repartir al momento de la separación.

El conocimiento es salud. Salud financiera, al menos...

4. Planifique un retiro temprano

Según las estadísticas, las mujeres viven entre 5 y 10 años más que los hombres, por lo que la posibilidad de enviudar siempre está latente.

Por otra parte, debido a la crianza de los hijos, las labores como ama de casa y el cuidado de los mayores, en los países desarrollados se estima que la mujer pasa casi 15 años alejada del trabajo en la denominada edad activa, mientras que el hombre solo sacrifica un año y medio a raíz, generalmente, del desempleo temporario (imaginamos que este último número se elevará a causa de la crisis económica que afecta a Europa).

Con semejantes datos sobre la mesa es difícil pensar que una mujer puede vivir tranquila con su jubilación. Se hace necesario contar con fuentes alternativas de ingreso que le permitan transitar con cierta comodidad sus últimos años y para ello conviene realizar inversiones de largo plazo que sabrán alimentar con buenos intereses los ahorros destinados.

5. Piense de manera integral

Además de diferencias físicas y hormonales, las mujeres y los hombres se distinguen por diferencias cerebrales: ellas poseen más fibras nerviosas que conectan el cerebro con el resto del cuerpo y que les permiten manejarse con un pensamiento integral donde toda la información se guarda en un mismo armario (en el caso del hombre, predominan los compartimentos).

En consecuencia, si la mujer ha demostrado ser capaz de criar hijos y trabajar a la vez, ¿por qué no puede imaginarse invirtiendo los ahorros de manera eficiente para reducir las horas destinadas a las labores en relación de dependencia? No hay incapacidades que la limiten, sino simples tabúes muy instalados en la sociedad pero no imposibles de derribar.

6. Exija un correcto asesoramiento financiero

Cuando una mujer acude a un banco, el asesor financiero la trata como a un borrico que no puede entender mucho sobre inversiones y que necesita alternativas simples, aunque estas impliquen ingresos magros para sus ahorros.

Así lo revela una reciente encuesta realizada por la firma Boston Consulting Group a mujeres inversoras, quienes manifestaron sentirse desatendidas e incluso maltratadas.

Exigir un asesoramiento igualitario constituye una decisión clave en el camino hacia el éxito financiero.

7. Hágase valer

Expertos en recursos humanos sostienen que existe discriminación en el ámbito laboral y que difícilmente una empresa les ofrezca el mismo salario a una mujer y a un hombre, aunque los dos ostenten similares calificaciones y experiencias. Para colmo, del otro lado suele aceptarse casi con naturalidad la injusticia: mientras el hombre pelea por un mayor ingreso si no le conforma lo ofrecido, la mujer se resigna y acepta sin chistar.

8. Invierta en cultura financiera

Llevo diez años dictando cursos de finanzas personales y puedo asegurar que nunca la platea femenina superó el 15% del total, cuando en las universidades argentinas ya son más de la mitad. Todos los colegas consultados me acercan datos similares o, incluso, peores: han tenido numerosos cursos sin mujeres.

La primera conclusión es que las mujeres no se interesan por aprender a manejar el destino de los ahorros. Prefieren obedecer a los prejuicios: o es todo una timba, o ellas, por ser mujeres, no lo pueden entender.

Combata esos prejuicios y verá que el éxito financiero, tanto para mujeres como para hombres dispuestos a formarse, está a la vuelta de la esquina.

Tips para ganar dinero
en pijama

1. Súmese a las nuevas tendencias

¿De qué hablamos cuando hablamos de ganar dinero en pijama? De trabajar desde nuestra casa. De sumarnos a una tendencia que nació con el encarecimiento de la nafta o gasolina en los años 70 y que se afirmó con la llegada al público de Internet.

Sorprende, a esta altura de los acontecimientos, que siga habiendo empresas renuentes a aceptar el trabajo a distancia, aun en sus modalidades parciales (aquellas que combinan visitas periódicas a la oficina con labores puntuales desde el hogar).

Desconocen los resultados de los estudios realizados en los Estados Unidos, donde se observa una mayor productividad en los empleados que trabajan en relación de dependencia y por objetivos que en aquellos obligados a soportar el tráfico cargado en las autopistas y el malhumor de algún jefe o compañero de turno.

A esa mayor productividad, habrá que adicionarle otros beneficios, como la reducción del ausentismo y los menores gastos para las empresas en términos de alquiler de oficinas, adquisición de computadoras, pago de facturas de electricidad, etcétera.

Y para el empleado, las ventajas también pueden resultar evidentes: se reduce la pérdida de dinero y tiempo en viaje, y se gana flexibilidad al momento de distribuir las horas del día para elegir cuándo estar con la familia o realizar una actividad.

Por supuesto, no es sencillo acostumbrarse a la vida laboral solitaria, por más contacto que se tenga vía Internet.

Por eso, aunque la lógica económica indique el camino, el mejor destino pareciera ser el que combina el trabajo en la oficina con las tareas puntuales en el hogar. ¡A prepararse que hacia allí vamos!

2. Realice cambios graduales

Los cambios bruscos en la vida, aun aquellos claramente positivos, pueden generar efectos no deseados. Pasar de trabajar en una oficina a hacerlo desde el hogar de un día para el otro podría introducirlo en un mar de incertidumbre respecto de cómo realizar cada tarea sin consultar a terceros, cómo cumplir las faenas en tiempo y forma sin contar con la mirada rectora de un jefe y cómo evitar el aburrimiento ante la falta de diálogo con otros.

En resumen, somos hijos del rigor y animales de costumbre que necesitamos incorporar en nuestro ser la ley y el espíritu perseverante antes de largarnos a trabajar solos en proyectos que no siempre resultan entretenidos ni coinciden exactamente con lo que nos gusta hacer.

En consecuencia, la primera recomendación consiste en aceptar y/o promover el cambio pero en forma gradual, pasando a trabajar unos días en su casa y otros en la oficina. De esta manera, no se sentirá repentinamente aislado ni enfrentará sin armas la tentación de distraerse en lugar de trabajar en pijama y pantuflas.

3. Invierta en su oficina casera

Si efectivamente piensa trabajar desde su casa, lo primero que debe hacer es pensar en el equipamiento: una buena computadora, un monitor de última generación que no afecte su visión, la mejor conexión posible a Internet, una impresora completa y económica, parlantes de calidad, un escáner, un teléfono inalámbrico y auriculares que permitan mantener conversaciones vía web son instrumentos esenciales que deben acompañarse de un entorno cómodo y agradable.

Entienda que toda oficina, por más casera que sea, siempre debe verse y concebirse como lo que es: una oficina.

4. Aproveche las ventajas de los medios de pago

Si su trabajo consiste en ofrecer algún servicio o producto, no debe ignorar las facilidades que existen actualmente para concretar las ventas a través de Internet.

Empresas como PayPal o Dineromail brindan herramientas sencillas para los clientes y agilizan las transferencias. Otras, como Western Union o Moneygram, facilitan los envíos de dinero desde lugares alejados y permiten ampliar el abanico de potenciales clientes.

5. No se quede todo el día encerrado

Para quienes están hartos de viajar todos los días al centro, trabajar desde su casa puede parecer un sueño hecho realidad.

Sin embargo, pasar todo el día entre cuatro paredes, comer, beber, trabajar, estar con la familia y descansar sin salir del hogar, terminará por resultar tedioso, reducirá las energías y afectará la creatividad.

Si su labor se convierte en ciento por ciento hogareña, opte por salir a caminar en los tiempos libres, por despejar la vista y descansar la mente. Lo agradecerán su jefe, sus clientes, su familia y sus amigos.

6. Aproveche al máximo los viajes y las reuniones

Para ser exitoso en el trabajo a distancia se debe tener siempre presente el concepto de eficiencia, a fin de concertar reuniones realmente provechosas y reducir al mínimo el tiempo perdido en viajes, tratando de agendar encuentros en lugares cercanos, donde además se cuente con servicio wi-fi para continuar el trabajo mientras espera a su cita.

El espíritu de eficiencia lo ayudará a evitar además distracciones típicas del trabajo en el hogar, como lo son la televisión y la navegación lúdica por Internet. También, a saber cuándo y cómo elegir un buen servicio de mensajería motorizada, o qué cocinar y en qué cantidad para comer bien, sano y rico sin quedarse una hora en la cocina.

7. Establezca relaciones comerciales con pares

El mundo laboral ingresó desde hace tiempo en una carrera hacia la especialización, y esto exige cada vez mayor conocimiento sobre el área en que se desarrolla su labor, sin ignorar el funcionamiento del resto del engranaje.

Por eso, a la vez que mejora su formación y se mantiene actualizado, debe establecer contactos válidos con otros profesionales que sean capaces de incorporar valor agregado a los servicios que usted ofrece, ya sea que complementen su labor en el producto final, que le ofrezcan su trabajo a un precio conveniente para usted.

Esas alianzas, que no necesariamente alcanzan la categoría de "sociedades", servirán además para que se enriquezca profesionalmente, para alimentar el intercambio de ideas y para mantener la mente siempre joven con el fin de seguir innovando y destacándose en lo suyo.

La búsqueda de estos "colegas útiles" se puede realizar de muchas maneras. Actualmente, una de las más difundidas es a través redes sociales como LinkedIn o Xing.

8. Haga valorar el trabajo a distancia

Dado que aún constituye una rareza, esta modalidad laboral genera desconfianza no solo entre los empleadores, sino también entre potenciales clientes, familiares y amigos, que identifican el trabajo a distancia con la holgazanería.

En el caso de los empleadores y los potenciales clientes, su mirada recelosa puede derivar en perjuicios económicos para quien ofrece sus servicios desde el hogar.

Y en el de familiares y amigos, el prejuicio puede desembocar en interrupciones constantes a quien –se cree– "no está haciendo nada". También, en conflictos y en distanciamientos realmente dolorosos.

Trabajar desde su casa puede implicar horarios flexibles y vestimenta informal, pero no menos responsabilidades que las de cualquier oficinista promedio.

ACERCA DEL AUTOR

Nicolás Litvinoff nació en Buenos Aires en 1975. Es economista egresado de la Universidad de Buenos Aires y realizó, entre otros estudios de posgrado, el curso anual de Experto en Mercado de Capitales organizado por el Instituto Argentino de Mercado de Capitales, un Máster en Finanzas con orientación en Mercado de Capitales en la Universidad del CEMA y la carrera de coach organizada por la Asociación Argentina de Profesionales de Coaching.

Se desempeñó como docente en la Universidad de San Andrés y en el Centro de Educación Empresaria (CEE) de la misma institución durante más de cuatro años. Dictó workshops sobre Coaching Financiero en distintos países de Centroamérica, charlas en diversas instituciones y universidades privadas y públicas, como, por ejemplo, Universidad Torcuato Di Tella, Universidad Católica Argentina, Universidad de Palermo, Universidad de La Matanza, Facultad de Ciencias Económicas de Buenos Aires (UBA) y el Business Club de Hillel.

Es fundador y director de **estudinero.net**, empresa que facilita información y educación sobre temas financieros, y dicta cursos online sobre finanzas para principiantes y avanzados. Además, es columnista del diario *La Nación*, del site Empresa y Contexto, y del blog español Euribor.

Ha publicado numerosos artículos sobre temas financieros en revistas, periódicos y sitios de Internet a nivel local e internacional, entre los que se destacan los diarios *Clarín, Buenos Aires Herald*, BAE (*Buenos Aires Económico*), *La Gaceta* (de Tucumán), y *Los Andes* (de Mendoza), el portal de noticias Infobae, y las revistas *Apertura, Alzas y Bajas* y *Coaching Magazine Internacional*.

Ha sido entrevistado por la CNN, programa "Finanzas Personales" y el programa "El Inversor" (C5N), entre otros medios televisivos de aire y cable.

Paralelo a sus actividades en las finanzas, se ha desempeñado en los últimos cuatro años como co-maestro de teatro en Calibán, la escuela de Norman Briski, con quien se ha formado en el arte escénico desde el año 2004.